AF217397

Muffl
Bock ?
Benedikt
Nagelhex
Hfasausa
Hosch Bock ?
Schädlwel
kalifenta
Mugglsergatz
Nagelh
Muffasa
Graddackel
Bäu
Nanale
Wäschklemmr
Hosch Bock ?
Ontwäsch Grasdackel
Hosch Bock ?

Sprechen Sie Schwäbisch?

Für Schwaben und solche, die es noch werden wollen

Sprechen Sie Schwäbisch?

Für Schwaben und solche, die es noch werden wollen

tosa

Vorwort

Das „Ländle" ist kein Bundesland, obwohl es sogar eine eigene Hymne besitzt. Deshalb lässt sich der schwäbische Dialekt auch schwerer orten als beispielsweise der bairische, der trotz aller Variationen doch immerhin nur innerhalb der bayerischen Grenzen gesprochen wird. Den schwäbischen Dialekt kann man hingegen in vielfältigen Ausprägungen im südlichen und mittleren Baden-Württemberg, aber eben auch in Teilen Bayerns hören. Und die Unterschiede in Lautbild und Vokabular sind teilweise beträchtlich, weshalb es sich eigentlich auch um eine ganze Gruppe von Dialekten handelt. Forscher des schwäbischen Dialekts behaupten gar, an der spezifischen Aussprache eines Schwaben die genaue Ortschaft bestimmen zu können, aus der er stammt.

Trotz dieser lokalen Unterschiede gibt es jedoch auch eine Fülle von Ausdrücken, die in allen Regionen verstanden werden. Die Wörterliste dieses Sprachführers enthält überwiegend diese allerorts gebräuchlichen Begriffe. Neben diesem umfangreichen, alphabetisch geordneten Wörterbuchteil finden sich in diesem Büchlein aber auch Aussprache-regeln, Besonderheiten der schwäbischen Grammatik, Spätzle- und andere typisch schwäbische Rezepte sowie praktische Alltagstipps für Touristen und „Reigschmeckte", wie Nichtschwaben im Ländle gerne genannt werden. Kurz, Sie finden hier alles, was Sie für Ihren Aufenthalt brauchen: vom sprachlichen Rüstzeug für einen Einkauf auf dem Wochenmarkt bis hin zur Vokabelliste, um sich nach dem richtigen Weg erkundigen zu können.

Außerdem finden Sie hier eine Sammlung gängiger Redewendungen sowie Wissenswertes und Amüsantes über die Eigenheiten der schwäbischen Landsleute. Auf humorvolle Weise kommen deren Besonderheiten auch in landestypischen Witzen zum Ausdruck und werden Ihnen zudem durch charakteristische Zeichnungen näher gebracht.

Eine abwechslungsreiche Mischung also, nach deren Lektüre Sie garantiert mit perfekter Betonung sagen können: „Ha freile, mr kennat älles – außer Hochdeitsch."

Schwobsche
Sprich

Hätt dr Hond et gschissa, hätt er dr Has gfanga.
(Hätte der Hund nicht geschissen,
hätte er den Hasen gefangen.)
„Wenn das Wörtchen ‚wenn' nicht wär',
wär' mein Vater Millionär."

a bees Briahle	eine eklige Brühe, ein ungenießbares Getränk
a bissle arg	„ein wenig sehr", ziemlich, sehr
a guats Neis	ein gutes Neues, ein gutes neues Jahr
a klois Bissle	ein kleines bisschen
abe	hinab, hinunter
abhaua	abhauen
abkarta	„abkarten", undemokratisch vereinbaren
abknalla	etwas hinschmeißen, abbrechen, erschießen
abläga	anmaulen
ablo	ablassen
abluchsa	abluchsen, klauen
Abord	Toilette
Aborddeckl	Klodeckel
abr	aber
abrackara	abrackern

7

abraina	anbraten, rösten
abropfa	abreißen
abschlotza	ablecken

Schwäbische Stimmungen

Auch der Schwabe jammert, mault, mäkelt, nörgelt, brummelt und schimpft natürlich zuweilen. Und das Schwäbische kann sehr präzise zwischen den verschiedenen Formen dieser Unmutsäußerungen differenzieren.

bäfzga	meckern, schimpfen
brägla	nörgeln, mäkeln
bruddla	nörgeln, meckern, maulen
Bruddler	Nörgler
bruddlig	in mieser Stimmung, gereizt
Gebruddel	Vor-sich-hin-Geschimpfe
gilfa	kreischen, jammern
goscha	maulen, widersprechen
grandich	mürrisch
jomra	jammern
maozga	maulen
maula	maulen

---

abschpecka	abspecken, Gewicht verlieren
abschwitza	Mehlschwitze zubereiten
abzopfa	abzupfen
Acht gää	Acht geben, vorsichtig sein
acht	acht

Achte	acht Uhr
Achtele	Trunkenbold
achzea	achtzehn

Schwäbisch schwätza: „ü" und „ö"

Dem „ü" und dem „ö" sind die Schwaben höchst feindlich gesinnt. Sie weichen diesen Buchstaben aus, wo immer es geht und sprechen stattdessen ein „i" bzw. ein langes „e".

Wirfala	Würfel
ausklieglt	ausgeklügelt
Biffee	Büffet
Birgersteig	Bürgersteig
Bleedsenn	Blödsinn
deesa	dösen, ausruhen
treedla	trödeln
Eel	Öl
Eeleefale	Ölofen

Einzig die ins Schwäbische aufgenommenen französischen Fremdworte mit „eu" entlocken ihnen hin und wieder einen Laut, der dem „ö" zumindest nahekommt.

Konduktör	(frz. „conducteur") Schaffner, Fahrer
Malör	(frz. „malheur") Missgeschick

achzga	achtzig
ächzga	ächzen, stöhnen

**A**ckrbutz

Ackrbutz	Vogelscheuche
adabba	angreifen, grapschen
Ade	Tschüss
Adele	Tschüsschen

„Heidanei" und „Heiligs Blechle"

Das Schwäbische besitzt einige Ausdrücke, deren Einsatzmög-
lichkeiten nahezu unbeschränkt sind. Als „Allround-Floskeln"
können sie je nach Betonung in beinahe jeder Situation
angewendet werden. Für einen „Reigschmeckten" (Touristen,
Zugezogenen) bietet das natürlich entscheidende Vorteile.
Mit den Klassikern „Heidanei" und „Heiligs Blechle" haben
Sie bereits einen soliden Grundstock, um in jeder Lage
angemessen reagieren zu können und mit Sicherheit richtig
verstanden zu werden. „Heidanei" kann entschuldigend,
erstaunt, verwundert, verärgert,
verständnis- oder sorgenvoll
ausgesprochen werden und ist
bei keiner Gelegenheit fehl am
Platze.

Adress	Adresse
afahra	anfahren, anfauchen
afanga	anfangen
afatza	abreißen
Aftrmietr	Untermieter
afuira	anfeuern, anspornen
aggara	pflügen

aglotza	anstarren
agoscha	anmotzen, anmeckern
agschirrt	unvorteilhaft gekleidet
agschla	durchtrieben, gewitzt
agugga	angucken
ahaua	anhauen, um etwas bitten
Ahna	Oma, Großmutter
aibrockla	einbrocken, zerbröseln
airscht	erst
akkrat	akkurat
Alafanz	Lästermaul
Alafanzerei	Albernheit
alanga	angreifen
aläuta	anrufen, „anläuten"
alderiera	sich entrüsten
allbot	häufig
alleinig	allein

 **ä**lleweil

älleweil	immer, ständig, jederzeit
allig	alle, alles
Allmachtsbachel	Depp
allo	gehen wir, los geht's
alloi	allein

Schwobsche
Sprich

An Onkel, mo ebbes mitbrengt, isch bessr wie a Dande, mo Klavier spielt.
(Ein Onkel, der etwas mitbringt, ist besser als eine Tante, die Klavier spielen kann.)
Begüterte Verwandtschaft ist begabter allemal vorzuziehen.

allritt	dauernd
älls	zuweilen
alsfort	ständig
altbacha	altbacken, antiquiert
alte Grachr	alte Männer
Altjohrsobed	Silvesterabend
altlecht	alt
am gernschta	am liebsten
am mendeschta	am schlechtesten
Amenaschlupferle	Geliebte, Freundin
amisiera	amüsieren
amma	einem
ammend	schlussendlich
Amurschaft	Geliebte(r)

an Grattl hau	arrogant sein
ananand	aneinander
anander	einander
anandernoch	hintereinander
anderscht	anders
ane	hin
anegau	weitergehen

anehocka	sich hinsetzen
anemacha	weitermachen
anewerkla	vor sich hinwerkeln
Angerscha	Futterrüben
anno Dubak	anno dazumal

antrapiera	erwischen
Apoteek	Apotheke
Aprillabutza	Aprilschauer
Ärbat	Arbeit
arg guat	sehr gut
arg wiascht	furchtbar, sehr hässlich
arg	sehr, schlimm
ärmlich	arm, aber auch:
	humorlos, empfindlich

Schwäbischer Schluckauf

Um einen lästigen Schluckauf loszuwerden, auf Schwäbisch „Hägger" genannt, haben die Schwaben ein eigenes Hausmittelchen. Der Betroffene soll einen kurzen Reim aufsagen:

Hägger, Hägger
Gang über de Neckar
Gang über de Rhei
Fall mitte drin rei.

ärschlengs	rückwärts
Aruf	Anruf
Äschabachr	Aschenbecher
Aschtänd	Probleme
aschtelich	nützlich
aschtiera	anstieren
Aschtreichr	Maler, Anstreicher
aschucka	anstoßen

ätschegäbele	ätsch
ätschele	ätsch
au	auch
Aubala	Backerbsen
aufbrobiera	einen Hut aufprobieren
Augadeckl	Augenlid
ausanandrklamiesra	„auseinanderklamüsern"
ausbäffa	verhöhnen, verunglimpfen
ausbelga	ausstopfen

„A alde Kuah vergisst,
dass se au amol a Kalb gwea isch."

ausboina

ausboina	Fleisch vom Knochen lösen
ausborga	ausborgen
ausdabba	sich Luft machen
ausdifdla	austüfteln
ausdrucka	ausdrücken, auspressen

Schwäbische Schule

Für die erste kleine Konversation mit schwäbischer Bekannt-schaft sind folgende Floskeln und Begriffe äußerst hilfreich.

Mir isch des arg.	Das tut mir leid.
Pardo	Entschuldigung
s goht	es geht
Send Se so guad …	Seien Sie doch bitte so freundlich …, bitte …
ha freile	aber ja
Wasele?	Was? Wie bitte?
jo, ja	ja
bittschee	bitte
däätsch mr	würdest du mir bitte
Ischs Ihne gschickt?	Ist Ihnen das recht? Passt Ihnen das?
passt scho	ist in Ordnung, einverstanden

ausessa	aufessen
ausgeiza	Pflanzen ausgeizen, auslichten
ausgfuckst	ausgefuchst

ausgruaba	verschnaufen, ausruhen
aushausa	verprassen
aushausich	ausschweifend, prassend
auskliiglt	ausgeklügelt
ausläfra	pulen, schälen
ausmacha	ausmachen, abmachen
ausrichta	ausrichten
ausschtafiera	ausstaffieren
ausschwätza	einen Satz beenden
Austra	Ostern
Austrägr	Postbote
auswälla	Teig auswalken, ausrollen
auswinda	auswringen
Autoba	Autobahn
Autoner	Autos
awa	ach was, ach wo
aweg	weg
äwl	immer
Axl	Schulter

Schwobsche
Sprich

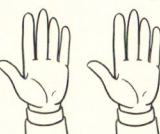

Der hot zwoi lenke Händ ond dia no em rechta Hosasack.
(Der hat zwei linke Hände und die auch noch in der rechten Hosentasche stecken.)
Er ist ein völlig unbegabter und ungeschickter Mensch.

Kässpätzla – Käsespätzle

Die typischen Käsespätzle sind aus der schwäbischen Küche nicht wegzudenken. Das Rezept für dieses „Nationalgericht" wird von Generation zu Generation weitergegeben.

Zutaten:

400 g Mehl	Öl
4 Eier	300 g Emmentaler
3 große Zwiebeln	oder Gouda
100 g Butter	Salz

Zubereitung:

1 Das Mehl und die Eier mit ein wenig Wasser und einigen kräftigen Prisen Salz zu einem Teig verrühren, bis er Blasen wirft. Den Teig ein wenig ruhen lassen. Die Zwiebeln abziehen, in Ringe schneiden und in Butter braun rösten.

2 Salzwasser mit einem Schuss Öl zum Kochen bringen. Den Teig mit einem Spätzlehobel ins kochende Wasser schaben. Sobald die Spätzle an der Wasseroberfläche schwimmen, mit einem Schaumlöffel herausheben und abtropfen lassen.

3 Die heißen Spätzle in einer gefetteten Schüssel vorsichtig mit dem geriebenen Käse vermischen und mit den gerösteten Zwiebeln garnieren. Zu den „Kässpätzla" passt grüner Salat.

Der richtige Weg

Um im Schwabenland einen Einheimischen nach dem richtigen Weg fragen zu können, müssen Sie sich vorher unbedingt mit einigen Vokabeln vertraut machen. Sonst sind Sie wahrscheinlich nach der Auskunft nicht schlauer als vorher.

fiere	nach vorne
fiersche	vorwärts
hendre	nach hinten
hendrsche	rückwärts
henna	drinnen
hist	nach links
hot	nach rechts
ibersche	hinauf
na	hin
naa	herunter
nieber	rüber, hinüber
nore	voran, vorwärts
nuff	hinauf
nuffzua	hinauf
ra	herunter
Rank	Kurve, Schwung
redur	zurück
selt	dort
seltdieb	dort drüben

bääb	knapp, eng
Babba	Papa, Vater
Babbadeggl	Pappkarton, Führerschein

babbala	plappern
babbela	leer, aus
bäbbera	plappern, quatschen
Bäbberle	Aufkleber, Sticker
bäbbig	pappig, klebrig, vorlaut
babbla	schwafeln, kindisch reden
bächeleswarm	lauwarm
Bachet	Backen, Backwerk, Backzeug
Bachl	Idiot
Bäck	Bäcker
Backa	Backe
Backschell	Ohrfeige
Bäddl	Lappalie
baddzich	patzig

Ein Schwabe erzählt verärgert einem Bekannten:
„Ich muss mr an neia Strehl kaufa,
beim alte isch a Zenka rausbrocha."
Dieser erwidert: „Ha, einaweg,
den Strehl kasch no hernehma"
und erhält daraufhin die Antwort:
„Hanoi, des war dr letschte Zenka."

(Ein Schwabe erzählt verärgert einem Bekannten:
„Ich muss mir einen neuen Kamm kaufen,
beim alten ist ein Zinken herausgebrochen."
Dieser erwidert: „Den Kamm kannst
du doch trotzdem noch nehmen"
und erhält daraufhin die Antwort:
„Nein, es war der letzte Zinken.")

Der schwäbische Schwatz

Der Schwabe und die Schwäbin halten gerne einmal ein kleines Schwätzchen, nicht nur bei der Kehrwoche mit der Nachbarin. Und die Unterschiede zwischen nervigem Gequassel, einer netten Plauderei und dem intriganten Weitertragen der neuesten Tratschgeschichten kann auch der schwäbische Wortschatz sehr fein und differenziert benennen. Um welche Art von Gespräch es sich dabei aber auch immer handelt, alle beginnen sie in der Regel mit den Worten: „Los amol …".

ausbäffa	verhöhnen, verunglimpfen
bäbbera	plappern, quatschen
babbla	schwafeln, kindisch reden
Babbler	Dummschwätzer
bäfzga	meckern, schimpfen
batscha	reden, sich auslassen
Batschweib	Tratschweib
brägla	meckern, nörgeln
dromrom schwätza	um den heißen Brei herumreden
Gesalbatr	Gerede, Geschwätz
Lettageschwätz	Geschwafel, unglaubwürdige Ausreden
los amol	hör einmal
raatscha	ratschen, reden
Raffl	Plappermaul
Ratschkachl	Tratschtante
Schlabbergosch	Plappermaul
schwätza	reden
soicha	schwafeln
vrbabbla	verquatschen, verraten

Wenn i Spätzla seh, hör i emmr zwoi Schdemma in mir:

ISS SE!

Hoschd ghert?
Du sollschd
se essa!

Badenga	Schlüsselblume
badwarm	lauwarm
baff	überrascht, erstaunt
bäfzga	meckern, schimpfen
Bagasch	Sippschaft, Meute, Familie
Bähmull	Schwächling, jammernde Person
bahna	Schnee räumen
Baimle	Baum
bälder	früher
Balg	Fell
Balla	Depp
Bampes	Prügel
Bäpp	Kleber, Kleister, Blödsinn
bäppa	kleben
bärich	wenig, kaum
bärig	super
Baschbl	Zierband, Borte

Bäsle	Cousine
bassa	erwarten
Bassleda	Beschäftigung, Zerstreuung
basta	es reicht
Batsch	Handschlag
batscha	reden
Batscher	Teppichklopfer
Batschweib	Tratschweib
batta	prügeln
battscha	klatschen
Baule	Kater
Baurahitz	Affenhitze
beaugapfla	begutachten
Bebbale	Bällchen, kleines Knäuel
Beem	Bäume
beeraschwarz	rabenschwarz
bees	böse, krank
Behne	Dachboden
Beichle	beginnender Bauchansatz
Beig	Holzstoß
beiga	stapeln
beinoh	beinahe
Beire	Bäuerin
Beisel	Pinsel
beissa	jucken
Beißerla	Zähne
Beitl	Beutel
Beizl	Pickel, Schwellung
Bellhafa	Heulsuse
Bellr	Husten
Belzmerde	Knecht Ruprecht
Bemberlesedag	Sankt Nimmerleinstag

benamsa	benennen
Benoggel	Binokel, beliebtestes schwäbisches Kartenspiel

– *benoggla (Binokel spielen)* –

benoggla	Binokel spielen
beta	beten
Bettfläsch	Wärmflasche
Bettgschirrle	Nachttopf

bettla	betteln
Bettlmo	Bettler
Bettsoicherla	Löwenzahn
Bettstatt	Bett

Das Wetter

Auch wenn einige Regionen des Schwabenlandes vom Wetter so gesegnet sind, dass man sie auch das „Kalifornien Deutschlands" nennt, haben die Schwaben durchaus auch sehr anschauliche Bezeichnungen für mieses Wetter.

eiregna	einregnen, Dauerregen
heut sich	schönes Wetter heute
a Wedderle	
Horniegl	Unwetter
Hugadubl	Regenschirm
kiebla	schütten, heftig regnen
niesla	nieseln
pflatscha	schütten, stark regnen
pflatschnass	patschnass
Pflatschrega	Platzregen
pratzla	prasseln, in Strömen regnen
Rega	Regen
Regamendele	Regenmantel
Sauwettr	schlechtes Wetter
schiffa	regnen (auch: urinieren)
soicha	regnen (auch: pinkeln, schwafeln)

Betttuach	Betttuch
Betzich	Müll, Kehricht
bhalta	behalten
Biable	Bub, Junge
Biachle	Buch
bibbera	bibbern, frieren
Biberleskäs	Quark
Biebale	Küken
biegla	bügeln
biesela	urinieren
Biffee	Geschirrschrank, Büffet
Billetle	Fahrkarte
Bir	Birne
Birgersteig	Bürgersteig
Bischle	Busch, Gebüsch
Bischtahaltr	Büstenhalter
bittrbees	bitterböse
bittrlecht	leicht bitter
bittschee	bitte
bitzla	prickeln, kribbeln, sprudeln
Bläätsch nahega	verheult aussehen
Bläätsch	verweintes, verquollenes Gesicht
bläätscha	weinen, plärren
Bläderle	Pickel, Blase, Luftblase
bläga	brüllen
blärra	plärren
Blättrtoig	Blätterteig
blaulecht	blau, bläulich
Bleamle	Blume
blecha	zahlen
bleed	blöd
Bleedsenn	Blödsinn

bleichlecht	käsig, blass
blesga	stöhnen, ächzen
Bletsch	Blatt einer Pflanze
Bletz	Flicken, Schorf
Bliasle	Bluse
blicka	kapieren
blimerant	unwohl, schwindlig, duselig
blitzgscheit	intelligent
Bloama	Blumen
Bloamastreißle	Blumenstrauß
Bloder	Blase, unsympathische Frau
bloga	bohnern
blotza lau	fallen lassen
blotza	fallen
blutt	nackt, inhaltslos, leer
Bobbes	Po
Bobbl	Knäuel
Bobbo	Kinderpopo
bocka	bocken, trotzen
bockla	klopfen
bockmend	furchtbar schlecht
bocksteif	knallhart
bocksterrig	stocksteif
bodabees	sehr böse
Boiner	Gebeine, Knochen
Boinerkarle	Skelett
boinig	knochig
bolla	sehr, besonders, ungewöhnlich
Bollagfühl	Glücksgefühl
bollaguat	sehr gut
Bollahitz	Affenhitze
Bollakopf	Glatzkopf

Bollawuat	Riesenwut
boltzgrad	schnurgerade
Boltzplatz	Fußballfeld
Bood	Kopftuch
Boom	Baum
Bossa	Streich
Bosselbua	Hilfskraft

Schwäbisch schwätza: „ei"

Auch wenn die beliebten schwäbischen Aussprüche „freile",
„fei", „Heidanei" und „Heiligs Blechle" anderes vermuten lassen:
Auch das „ei" umgehen die Schwaben gerne. Stattdessen
sprechen sie oft ein „oi", das wiederum „Reigschmeckten"
(Zugezogenen) nur schwer über die Lippen kommt und dessen
korrekte Aussprache viel Übung erfordert.

Oi	Ei
oiga	eigen, seltsam
Oimerle	Eimer
oimol	einmal
oinaweg	dennoch
ois	eins, einerlei

---

bossla	basteln, tüfteln
Bottschamber	Nachttopf
brägla	nörgeln, mäkeln
Bream	Stechfliege
Breckala lacha	sich übergeben

29

breckalesweis	stückchenweise
Breckl	Brocken
Bredullje	Bredouille, Konflikt

Schwobsche
Sprich

I ka net noh älle Mucka schlaga.
(Ich kann nicht nach allen Mücken schlagen.)
Eins nach dem anderen.

Breedle	Plätzchen, Gebäck
Breich	Brauch
brenna	brennen
Breschtleng	Erdbeeren
Brezga	Brezeln
Briahle	Brühe
brocka	pflücken
broit	breit, berauscht
Brommhommel	Hummel, mürrischer Mensch
bronza	urinieren
Bruck	Brücke
bruddla	nörgeln, meckern, maulen
Bruddler	Nörgler
bruddlig	in mieser Stimmung sein, gereizt
Bschiss	Beschiss, Betrug
bschnipfla	zerstückeln, klein schneiden
bschnodda	eng, knapp, geizig

bschnoddas Heesle	kneifende Hose
bschtella	bestellen
bsenna	sich besinnen, in sich gehen
Bua	Junge
buabala	balgen, raufen, herumalbern
Buck	Druckstelle, Delle, Beule
bucka	bücken
Buckel	Rücken
buckelranza	Huckepack nehmen
buddla	buddeln, graben
Burra	Beule
Butza	Kerngehäuse des Apfels
Butzameggale	Popel
Butzewaggle	zärtliche Anrede für ein Kleinkind

Zwetschgenknödel

*Im Spätsommer, wenn die Zwetschgen
frisch vom Baum kommen, schmecken die Knödel
besonders gut – am besten mit Vanillesoße!*

Zutaten:

1 kg gekochte Kartoffeln	1 kg Zwetschgen
150 g Mehl	50 g Semmelbrösel
3 Eier	Zimt
1 EL Butter	2 EL Zucker
	Salz

Zubereitung:

1 Die Kartoffeln zerdrücken, mit dem Mehl, den Eiern, der Butter und einer Prise Salz vermischen. Aus dem Teig mittelgroße Klöße formen.

2 In die Mitte jedes Kloßes eine entsteinte Zwetschge drücken. In kochendes Wasser geben und 10 Minuten kochen lassen. Danach ziehen lassen, bis die Knödel an der Oberfläche schwimmen.

3 Die Semmelbrösel gemeinsam mit Zimt und Zucker leicht anrösten und die fertigen Klöße in der Mischung wälzen, den Rest darüberstreuen.

däätsch mr	würdest du mir bitte
dabbich	tölpelhaft
däbbla	trödeln, schlendern
Dabbr	fettige, schmutzige Spuren von Händen

„Däätsch mr gä?"

Dachkeener	Dachrinne
dackelich	tölpelhaft, dumm
däd	würde, täte
Dag	Tag
daga	dämmern
Dagblättle	Tratschtante

dalga	kneten
dalgat	ungeschickt
Dande	Tante
danna	dran
dapfer	zügig, flott
dappa	gehen
Däppr	Pantoffeln
darob	darüber
dätschig	weich
Datschkapp	weiche Schirm- oder Baskenmütze

Scherzfrage:

woher kommen die Schotten?

Die Vorfahren der Schotten lebten
ursprünglich im Schwabenland.
Aber man hat sie vertrieben,
weil sie nicht sparsam genug waren.

daua	einstecken (verdauen) können, aushalten
daubadicht	gedankenlos
daube	dumm
dauber	dümmer
deam mr	wird gemacht, machen wir
deam	ihm, diesem

dean	diesen
Dechterle	Tochter
Deede	Patenonkel
dees isch, deesch	das ist
dees	dieses, das
deesa	dösen, ausruhen
Deez	Kopf
Deezer	Kreisel
degamäßig	duckmäuserisch
deier	teuer
Deif	Taufe
deifelhäftig	gemein
deigsla	deichseln, in die Wege leiten
deka	denken
dempfig	schwül
dengla	dengeln
denna	drinnen
deppat	dumm
der Weil hau	keine Eile, viel Zeit haben
Dergel	Kleinkind
derweg	deshalb
derweil	inzwischen
des ond sell	dies und das
des	dieses
dett	dort
dieba	drüben
diesla	flüstern, mauscheln
Dinnada	schwäbische Flammkuchen, bzw. Pizzaspezialität
Dipflesscheißer	Kleinkarierter
discha	übertölpelt, geprellt

dischgeriera	disputieren, angeregt unterhalten
do	beendet, fertig, getan
doane	hierher, hier
doba	oben

Schiller, der Schwabe

Friedrich Schiller war ein Schwabe und das hörte man deutlich. Sein ausgeprägtes Schwäbeln trug ihm in Weimar manches Naserümpfen ein, worunter er sehr gelitten haben dürfte. Die Inszenierung der *Räuber* in Mannheim fand unter Zuhilfenahme eines schwäbischen Wörterbuchs statt, denn Schiller hatte viele Dialektausdrücke und landestypische Redewendungen verwendet. Trug er in Thüringen aus seinen Stücken vor, verstand ihn sein Auditorium häufig nicht. Diese Erfahrungen dürften dazu beigetragen haben, dass Schiller bald das Heimweh packte. Wollte er seine schwäbischen Wurzeln anfangs noch vergessen und verleugnen, vermerkte er später: „Thüringen ist nicht das Land, worin man Schwaben vergessen kann."

doba	toben
Dochtrmo	Schwiegersohn
Dode	Patentante
dodefier	hierfür
Doga	Puppe

dogelig	zart, klein
dollaorich	schwerhörig, taub
domelich	taumelig, schwindlig
Dondrblitz	schau an
dondrlatich	ungeheuer, besonders, sehr, enorm
dondrmäßig	ungeheuer, besonders, sehr, enorm
dondrschlächtich	ungeheuer, besonders, sehr, enorm
Dondrwettr	Halunke

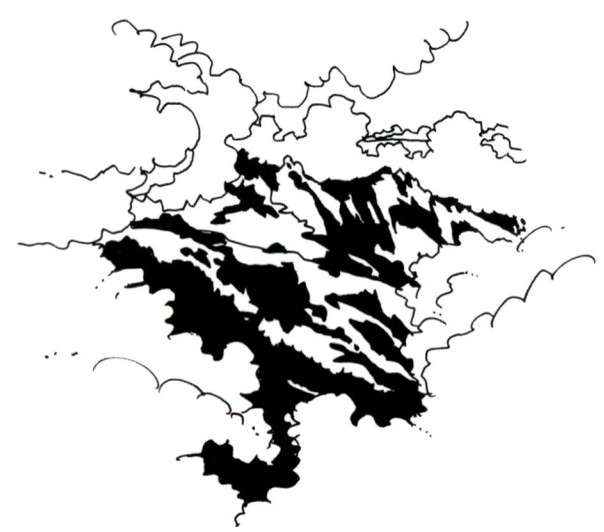

„Dr Schwoba isch omhenkt,
s gibt morge gut Wetter."

donga	abtauchen
donna	unten
dosa	schlummern, dösen
Doschdich	Donnerstag
dra	dran
dradanna	knapp, dicht daneben
Draged	schwere Last
Dralle	Trottel
drana	hin
drangsaliera	drangsalieren, ärgern
Drauf	Regenwasser
Dreck	Dreck, Scheiße
Drecklach	Pfütze
drei	drei
Dreie	drei Uhr
dreißga	dreißig
dreizea	dreizehn
driala	sabbern
Drialer	Lätzchen
dribeliera	scheuchen, ungeduldig sein
Driebl	Kurbel, auch: Idiot
driebla	kurbeln
drletscht	kürzlich
drmit	damit
drom	darum
dromrom	um den heißen Brei herumreden
schwätza	
dromrom	drumherum
drucka	drücken
drucksa	drucksen, bummeln
druffdob	oben drauf

dubbelig	dämlich
Dubbl	Depp
ducka	ducken
dui	die, diese
Dullo	Schwips
Dung	Dung, Dünger

Schwobsche Frankophonie

Im Schwäbischen existieren sehr viele Lehnworte aus dem Französischen. Das hat natürlich mit der geografischen Nähe zu tun, zumal Frankreich immer auch ein wichtiger deutscher Handelspartner war, weshalb Französischkenntnisse gerade in dieser Region natürlich von entscheidendem Vorteil waren. Allerdings sind die französischen Worte nicht unverändert in den schwäbischen Wortschatz eingegangen, sondern wurden „eingeschwäbelt".

allo	gehen wir, los geht's (allons)
Amurschaft	Geliebte(r) (amour)
Bagasch	Sippschaft, Meute, Familie (Bagage)
Bläsir	Vergnügen (plaisir)
duschur	dauernd, immer (toujours)
Gu	Geschmack (goût)
leschär	leger, zwanglos (léger)
Loschie	Unterkunft, Bleibe (logis)
malad	krank (malade)
Schäslo	Sofa (chaiselongue)
tutmemschos	ganz egal (tout même chose)

dupfagleich	identisch
durabe	völlig durch, ganz runter
duranand	durcheinander
durmelich	taumelig, schwindlig
durmla	schwanken
duschter	düster
duschur	dauernd, immer
Dusl hau	Glück haben
dutzadweis	dutzendweise

Gehirn eines Schwaben:

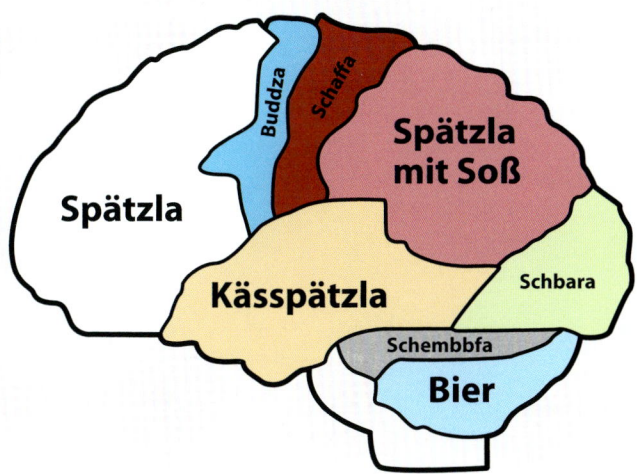

Schwäbische Tierwelt

Die Besonderheit der schwäbischen Fauna liegt weniger im Bestand seltener Arten, sondern vor allem darin, dass ihre Vertreter teilweise höchst fantasievolle Namen tragen.

Baule	Kater
Emes	Ameise
Häge	Bulle
Heale	Küken
Henna	Hühner
Krabb	Krähe
Meis	Mäuse
Mickla	Mücken
Mulle	Katze
Nagelhex	Elster
Wefzg	Wespe
Zizigäk	Kohlmeise

eander	eher
ebavoll	randvoll
ebber	jemand
ebbes	etwas
Ebflbom	Apfelbaum
eckat	kantig, eckig
Eel	Öl
Eeleefale	Ölofen
eha	stopp, halt
ehnda	damals, früher
Ehne	Opa, Großvater

ehrakäsich	ehrgeizig, eitel
eibringa	die Ernte einbringen
eibrockla	Brotstücke in die Suppe tauchen
eidusla	einduseln, einnicken
eifeira	einheizen
eigschnappt	eingeschnappt, gekränkt
eikaschtla	einsperren
eikehra	in ein Gasthaus einkehren
eikellera	einkellern, lagern
eimacha	einkochen
eimummla	warm anziehen

Ein Hesse, ein Bayer und ein Schwabe sitzen im Biergarten und trinken Bier. Nach einiger Zeit ist in jedem Glas eine Fliege gelandet. Der Hesse ekelt sich, lässt das Glas zurückgehen und bestellt ein neues Bier. Der Bayer lacht über diese Zimperlichkeit, fischt seine Fliege heraus und trinkt unbekümmert weiter. Der Schwabe angelt ebenfalls nach seiner Mücke, hält sie an den Flügeln über das Glas und schimpft:

„Spuck 's us, abr fei dapfr!"

(Der Schwabe angelt ebenfalls nach seiner Mücke, hält sie an den Flügeln über das Glas und schimpft: „Spuck es aus, aber schnell!")

einamampfa	schlingen, sich vollstopfen
einaweg	dennoch, trotzdem
eiregna	einregnen, Dauerregen
eis	uns
eisaua	dreckig machen
eischarra	begraben
eischmotza	einschmieren

Schwobsche
Sprich

A Katz mit Hendschich fängt koi Meisle.
(Eine Katze mit Handschuhen fängt keine Maus.)
So wird das nichts.

eischnurra	eingehen, zusammenschrumpfen
eiser	unser
eizeisla	schmeicheln
Eldera	Eltern
elfa	elf
Elfe	elf Uhr
ellalang	ellenlang
Emes	Ameise
emmr	immer
Emt	Heuernte
Endaklemmr	Geizhals
Enkale	Enkel
ennanei	hinein

Epflbutza	Apfelgrieb
Erballa	Walderdbeeren
erdaletz	furchtbar
erdamäßig	furchtbar schlecht, gemein, erbärmlich
erdamend	furchtbar schlecht, erbärmlich
Ern	Hausflur
eschoffiera	echauffieren, aufregen
estimiera	wertschätzen, achten
et	nicht
eta	nicht
Etwie	Etui
etzat	jetzt
etzatle	es ist geschafft, fertig
ewig ond zwoi Johr	ewig, sehr lange

„... a glois bissle, bittschee!"

45

Schwobschs Gebruddel

Schwaben sind eher zurückhaltende und eigentlich auch sehr freundliche Menschen – dennoch fahren auch sie natürlich hin und wieder aus der Haut. Für diese Gelegenheiten haben sie ein Repertoire an Schimpfworten bei der Hand, das dem anderer Landstriche Deutschlands in nichts nachsteht.

Allmachtsbachel	Depp
Bachl	Idiot
Bähmull	Schwächling, jammernde Person
Balla	Depp
Bauratrampl	Tölpel
Bloder	Blase, unsympathische Frau
Dipflesscheißer	Kleinkarierter
Dralle	Trottel
Dubbl	Depp
Glufamichl	Dummkopf
Hamballe	Tölpel
Heudeu	Trottel
Jenseitsbachel	Volldepp
Lalle	Idiot
Luagabeitl	Lügner
Obergscheitle	Klugscheißer
Rufakopf	Idiot
Schuirapurzler	Tölpel
Trampl	blöde Frau
Zuddl	unehrenhafte Frau

fabriziera	erzeugen
Fadarugel	Garnrolle
faggla	zögern
Fakanz	Ferien, Urlaub
fant	letztes Jahr
fasla	faseln
Fasnet	Fastnacht
Fasnetshäs	Kostümierung
Fässle	intelligente, fähige Person
fatza	reißen
fatzaglatt	spiegelglatt
faulmiad	Müdigkeit vorschützen, simulieren

Schwäbisch schwätza: Endungen

Eine saubere „er"-Endung wird man in Schwaben nur sehr selten zu hören bekommen. Substantiven wird sowieso meist ein „-le" angehängt, und geschieht das ausnahmsweise einmal nicht, verkürzt der Schwabe das „-er" häufig zu einem bloßen „-r". Und die Infinitivformen der Verben enden im Schwabenland sowieso auf „a".

Biachle	Buch
Flädle	Suppeneinlage aus Pfannkuchen
Feistr	Fenster
Gländr	Geländer
tanza	tanzen
babbla	schwafeln, kindisch reden

Faxa	Faxen, Albernheiten
Fazinetle	Taschentuch
fega	fegen
fei	sehr, aber, wirklich, tatsächlich, ja, nämlich
Feichte	Feuchtigkeit
feichtlecht	feucht
Feistr	Fenster
femf	fünf
Femferle	fünf Cent
Fenfe	fünf Uhr
Fengr	Finger
ferig	letztes Jahr
Festmetr	Kubikmeter
Fiaß	Füße, Beine
Fiedle	Hintern
Fiehrerschei	Führerschein
fiere	nach vorne

Die Deutsche in mir: *Weine!*
Tränen müssen raus!

Die Schwäbin in mir:
Bisch bled?!
Dei Make-up isch
von *Channel!*
Was des koscht hat!

Schwobsche
Sprich

Mit de große Hond soiche welle, abr de Fiaß net nuffbrenge.
*(Gemeinsam mit den großen Hunden pinkeln wollen, aber das
Bein nicht hoch genug bekommen.)*
Große Klappe, nichts dahinter.

fieregrubla	raussuchen, rauskramen
fiersche	vorwärts
figgrig	nervös
fitzelig	kleinteilig, kompliziert
fix ond hee	hinüber
Flädle	Suppeneinlage aus Pfannkuchen
Flädlesupp	Klare Suppe mit Flädle
flagga	fläzen, müßig herumliegen
Flaschnr	Klempner
flatiera	schmeicheln
Fleckafest	Gemeindefest
Fleggabäs	Herumtreiber
flenna	flennen, heulen
Flerra	Fetzen
Floz	Blödsinn, Unsinn
Fonzel	Funzel, schwaches Licht, Lampe, Idiot
foppa	foppen, ärgern
Fracksausa	Furcht, Bammel

Schwäbische Fastnet

Der Begriff Fastnacht bezeichnete ursprünglich den letzten
Abend vor der Fastenzeit und wurde erst später zur Bezeichnung für die gesamte Zeitspanne zwischen dem 11. Novem-
ber und dem Aschermittwoch. Die schwäbisch-alemannische
„Fastnet" spielt sich hingegen zumeist nur zwischen dem
Dreikönigstag und Aschermittwoch ab und die größten
Umzüge finden dabei vielerorts am Fastnachtssonntag und
Rosenmontag statt. In Orten wie Villingen, Donaueschin-
gen und Triberg haben diese beeindruckenden Spektakel
eine jahrhundertealte Tradition und weisen eine Vielzahl
unterschiedlichster Narrenfiguren und anderer fantastischer
Gestalten auf. Schillernd kostümiert und mit kunstvollen Holz-
masken laufen die schwäbischen Narren unter Narrii-, Narroo-
Rufen durch die Straßen.

Den Abschluss der Fastnet
bildet das traditionelle Fällen
des Narrenbaums in der Nacht
vor Aschermittwoch.

franschmo	geradeheraus, offen
freche Gosch	frech, vorlaut sein
freia	freuen
Freidich	Freitag
freile	aber natürlich, gerne, genau
frommlecht	bigott
Frucht	Getreide
fuadara	füttern
fuaßla	laufen, sich beeilen

fuchsa	fuchsen, wurmen, ärgern
fuchsdeifelswild	sehr zornig
fuchtla	fuchteln, gestikulieren
Fuchzgerle	fünfzig Cent
fuffzea	fünfzehn
fuffzga	fünfzig
fuggara	handeln, feilschen
Fuier	Feuer
Furzklemmer	Geizkragen
futsch	hinüber, verloren

– Fasnetshäs –

Krautfleckerl – Krautnudeln

Diese schwäbische Spezialität wird besonders herzhaft,
wenn man noch etwas kross gebratenen Speck darüberstreut.

Zutaten:

500 g Weißkraut	50 g Butter
200 g Mehl	Pfeffer, Salz
4 Eier	Zucker

Zubereitung:

1 Weißkraut fein schneiden, kräftig salzen und ziehen lassen.Das Mehl mit den Eiern und einer Prise Salz zu einem Teig kneten, evtl. etwas Wasser zugeben.

2 Ausrollen und in kleine, 1–2 cm^2 große Quadrate schneiden. In kochendes Salzwasser geben und kochen lassen, bis die Fleckerl oben schwimmen, abgießen und abtropfen lassen.

3 Die Flüssigkeit aus dem fertig gezogenen Weißkraut drücken. Butter in einem Topf schmelzen lassen, Weißkraut anbraten und mit Pfeffer und einer Prise Zucker würzen.

4 Zum Schluss vorsichtig die Fleckerl unterrühren.

Das Lied von der schwäbischen Eisenbahn

Uff de schwäbsche Eisebahne gibt's gar viele Haltstatione:
Schtuagart, Ulm ond Biberach,
Mekabeure, Durlesbach.
Trulla, trulla, trullala, Schtuagart, Ulm, and Biberach,
Mekabeure, Durlesbach.

Uff de schwäbsche Eisebahne, gibt's au viele Restrautione,
wo mr ess und trinka ka,
Alles, was der Maga ma.
Trulla, trulla, trullala, wo mr ess und trinka ka,
alles, was der Maga ma.

Uff de schwäbsche Eisebahne braucht ma keine Postillone.
Was uns sunscht das Posthorn blies,
Pfeifet jetzt die Lokmotiv.
Trulla, trulla, trullala, Was uns sonst das Posthorn blies,
Pfeifet jetzt die Lokomotiv.

Uff de schwäbsche Eisebahne könne Küh und Ochse fahre,
D'Studente fahre erste Klass,
S'mache des halt nur zum Spaß.
Trulla, trulla, trullala, d'Studente fahre erste Klass,
S'mache des halt nur zum Spaß.

Uff de schwäbsche Eisebahne dürfet Küh und Ochse fahre.
Büble, Mädle, Weib, und Ma,
kurzum alls, was zahla ka.
Trulla, trulla, trullala, Büeble, Mädle, Weib und Ma,
Kurzum alls, was zahla ka.

Wenn e Glöckle tut erklinge, dän glej äll zsamma springe.
Älles, was e Karte hot,
Möcht jetzt mit dem Bahnzug fort.
Trulla, trulla, trullala, alles, was e Karte hot,
Möcht jetzt mit dem Bahnzug fort.

Männer, die im Gsicht ganz bärtig, schreiet laut:
„Jetzt isch es fertig!"
Springet in die Wage nei,
Machet Löchle ind' Karte nei.
Trulla, trulla, trullala, springet in die Wage nei,
Machet Löchle ind' Karte nei.

Uff de schwäbsche Eisebahne wollt emol e Bäuerle fahre,
Geht an d' Kass ond lupft de Hut:
„E Billettle, Send so gut!"
Trulla, trulla, trullala, geht an d' Kass ond lupft de Hut:
„E Billettle, Send so gut!"

Eina Bock hat er gekaufet und dass er ihm net entlaufet,
Bindet ihn der gute Ma,
Hinte an de Wage na.
Trulla, trulla, trullala, bindet ihn der gute Ma,
Hinte an de Wage na.

„Böckle, tu no wacker springe, zfresse werd i dir scho bringe."
Also schwätz der gut Ma,
Zündt sei Maserpfeifle a.
Trulla, trulla, trullala, also schwätz der gut Ma,
Zündt sei Maserpfeifle a.

„Böckle, tu nur woidle springe,
'S Fresse wer i dir scho bringe."
Zündt sei stinkichs Pfeifle a, hockt si zu seim Weible na.
Trulla, trulla, trullala, zündt sei stinkichs Pfeifle a,
Hockt si zu seim Weible na.

Wia dr Zug no wieder staut, dr Bauer noch seim Böckle
schaut,
Findt er bloß no Kopf und Seil,
An dem hintre Wageteil.
Trulla, trulla, trullala, findt er bloß no Kopf und Seil,
An dem hintre Wageteil.

'S packt de Baure a Baurezore,
packt de Geißbock bei de Ohre,
Schmeißt en, was er schmeiße ka,
Dem Konduktör an 'n Ranza na.
Trulla, trulla, trullala, schmeißt en, was er schmeiße ka,
Dem Konduktör an 'n Ranza na.

„So, jetz kannsch de Schade zahle,
warum bisch so schnell au gfahre!
Du alloi bisch schuld do dra,
Dass i d' Goiß verlaure ha!"
Trulla, trulla, trulla-la, „du alloi bisch schuld do dra,
Dass i d' Goiß verlaure ha!"

Des isch des Lied von sellem Baure,
Der de Geißbock hat verlaure.
Geißbock und sei traurigs End, Himmel Schtuagart Sapperment.

Trulla, trulla, trullala, Geißbock und sei traurigs End,
Himmel Schtuagart Sapperment.

So jetzt wär des Liedle gsonge,
Hot's euch recht in d'Ohre klonge,
Stoßet mit de Gläser a!
Aufs Wohl der schwäbsche Eisebahn.
Trulla, trulla, trullala,
Stoßet mit de Gläser a,
Aufs Wohl der schwäbsche Eisebahn.

Schwäbische Leckereien

Um als Tourist bei einem Bummel über einen schwäbischen Markt auch die ein oder andere Köstlichkeit aus dem verlockenden Angebot probieren zu können, müssen Sie einige Vokabeln beherrschen.

Bir	Birne
Breschtleng	Erdbeeren
Brezga	Brezeln
Epfl	Äpfel
Grombiere, Erdäpfel	Kartoffeln
Gsälz	Marmelade
Gugomer	Gurke
Hentala	Himbeeren
Kehl	Wirsing
Kipf	Baguettebrötchen
Kohlräbla	Kohlrabi
Kriasa	Kirschen
Laesa	Linsen
Laible	runder Laib Brot
Laugawegga	Laugenbrötchen
Scheißpfleimla	Mirabellen

gä	geben
gäga	umkippen
gaggsa	stammeln, stottern
Gaigel	Kartenspiel
Gallimadias	Blödsinn, Unfug

gamba	schwanken, schaukeln
gang ahne	geh weiter
gang mr weg	das glaube ich nicht
ganga	gegangen, gehen, weggehen, fortgehen
Gängle	Gässchen
Gardadeerle	Gartentür
garra	knarren
gärtla	gärtnern
Gärtle	Garten, Gärtchen
gattig	hübsch, schicklich, talentiert
Gaude	Gaudi, Vergnügen
gaudich	vergnüglich, lustig
gaugla	schaukeln, schwanken
Gautschl	Schaukel
geam mr	gehen wir
Gebruddel	vor sich hin Geschimpfe
Gedudl	unangenehme Musik
geel	gelb
Geeschle	Mund
Geezger	Gänserich

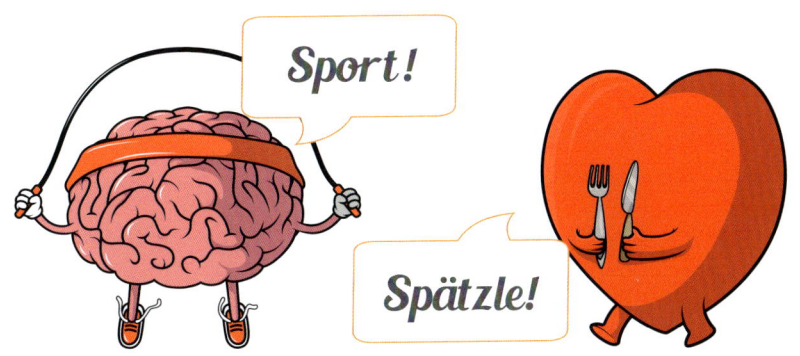

 Gehwenda

Schwäbische Steigerungen

Obwohl der Schwabe seinen Worten gerne Nachdruck und besonderes Gewicht verleiht und deshalb äußerst häufig zu verstärkenden Floskeln greift, kommt das Wörtchen „sehr" in seinem Wortschatz nicht vor. Er kann stattdessen auf eine Fülle anderer Ausdrücke zurückgreifen, die alle der Steigerung dienen.

arg	sehr, schlimm
bolla	sehr, besonders, ungewöhnlich
dondrlatich	enorm, besonders, sehr
dondrmäßig	ungeheuer, besonders, sehr
dondrschlächtich	besonders, sehr, enorm
heidamäßig	sehr viel, immens
jenseitsmäßig	sehr, äußerst, unwahrscheinlich
jesasmäßig	sehr, äußerst, überaus
obacha	ungeheuer, sehr
otz	sehr, äußerst, enorm
sau	sehr, ungemein
saumäßig	sehr, äußerst

Gehwenda	Schneewehen
Geid	Gans
geifera	geifern, sich auslassen
Geigaknepflasupp	Suppe mit kleinen Klößchen
geit	gibt
geldig	reich
gell	nicht wahr?, oder?, stimmt's?

Gelt	Wanne
gera	gern
gerner	lieber
gerscht	gestern
Gerschtle	Hab und Gut, Eigentum
Gesalbatr	Gerede, Geschwätz
Geschottl	Rütteln
Geseire	Geseier, Geschwätz
Gezerfe	Geschrei
Gflick	Flickschusterei
Gfliegl	Geflügel

– Giftbladerer –

 **G**fred

Gfred	Unannehmlichkeit, Schererei
Gfriere	Gefriertruhe
gheia	bereuen, fuchsen
ghert	gehört
ghet	gehabt
Giatle	Gut, Besitz
giegsa	stupsen, pieksen
Giggaler	Gockel
Giggle	Plastiktüte
gilfa	durchdringend schreien, kreischen, wehklagen, jammern
Gillagruab	Jauchegrube
ginschtig	günstig

Der schwäbische Dackel

Ist der possierliche Dachshund in anderen Regionen Deutschlands ein äußerst beliebter Begleiter und den benachbarten Bayern sogar der liebste Freund, ist er im Schwabenland ganz und gar nicht hoch angesehen. In zahlreichen Variationen dient der Name dieses Hundes lediglich dazu, andere zu beleidigen.

Dackel	Idiot
Dackel macha	sich zum Idioten machen
dackelich	tölpelhaft, dumm
Grasdackel	Depp
Halbdackl	Volldepp, wörtl.: „halber Dackel"
Dackele	Dummerchen

Girgele	Gurgel, Hals
Gischbl	zappeliger, tollpatschiger Mensch
Gitschle	Fahrzeug
Gländr	Geländer
Glasdeer	Eingangstür
glebbara	klappern
glei	gleich
Glemmle	Haarspange
Glemmr	Wäscheklammer
glepfa	knallen
Glepfgelt	altes, klappriges Auto
Gliahwei	Glühwein
Glomb	Kram, Trödel, Schrott

„GRASDACKEL!!!"

Glombiger Doschdich	Weiberfastnacht
gloschda	glühen
glotza	glotzen, starren
Glotzbebbl	Augen
Glotzr	Augen
Gluf	Stecknadel, Sicherheitsnadel
Glufamichl	Idiot
Glugger	Murmel
Gluschta	Gelüste, Lust
gmach	immer mit der Ruhe, langsam
gnabba	hinken
Gnack	Genick
Gnaule	Pedant, Perfektionist
goba	schenken
gogelich	seltsam
gorgsa	würgen
Gosch	Mund
goscha	maulen, widersprechen
Goschaflickr	Zahnarzt
Goschahobl	Mundharmonika
Gottesackr	Friedhof
gottfroh	unheimlich froh
gotzig	einzig
gräbsla	klettern
Grad mach es Maul zua …	Eben hab ich es gesagt …
grad	gerade, eben
grädich	gereizt, schlecht gelaunt
grandich	mürrisch

Grasdackel	Depp
grateliera	gratulieren
gratla	sich voranschleppen
Grattl	Arroganz, Überheblichkeit,
	Oberschenkelinnenseiten

Schwäbisch schwätza: „st" und „sp"

In Abwandlung der bekannten Trennregel ließe sich sagen: „Sprich nie ,st', denn das tut dem Schwaben weh." Im Schwabenland werden Sie vermutlich nie ein sauberes „st" und auch kein „scht" hören, beides kommt als „schd" heraus.

Stoi	Schdoi (Stein)	
Strempf	Schdrempf (Strümpfe)	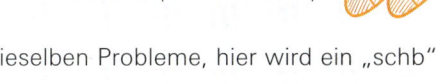
Stub	Schdub (Wohnzimmer)	

Mit „sp" gibt es dieselben Probleme, hier wird ein „schb" gesprochen.

Spätzle	Schbätzle
spot	schbot (spät)
Spreisl	Schbreissl (kleiner Splitter)

---

grea	grün
greans	„grünes Laugenbrötchen":
Laugaweggle	eine kleine Flasche Jägermeister
Grend	Kopf, Schädel
griebla	popeln

Gritzger

Gritzger	Zwerg, Lausbub
gro	grau
Grombier	Kartoffel
große Gosch	große Klappe, großmäulig, prahlerisch
Gruscht	Trödel
Gsälz (Xälz)	Marmelade
Gschiess han	Unannehmlichkeiten haben
Gschiess macha	Aufregung verursachen, Ärger machen
gschuckt	exaltiert, arrogant, seltsam
gschwolla	prahlerisch, angeberisch, überzogen
Gsocks	Gesindel
gstandnr Mo	gestandener Mann
Gu	Geschmack
guade Pardie	gute Partie
gudich	schnell, stürmisch
Gugg	Tüte
gugga	gucken, schauen
Gugomer	Gurke
Gusche	Bett
gwä	gewesen

ha freile	aber ja
Ha wah!	Das glaube ich nicht!
	Was du nicht sagst! Wirklich?
Ha?	Was?, Wie bitte?
häga	hängen
Hägala	Hagebutten
Hägale	junger Bulle
Häge	Bulle
Hägger	Schluckauf
Haiahoh	Theater machen,
	Lärm um nichts machen
Halbdackl	Depp, wörtl.:
	„halber Dackel"
Hamballe	Tölpel
Hano	Ausruf des Erstaunens
hanoi	je nach Betonung:
	nein, überhaupt nicht,
	eher nicht, auf gar keinen Fall
Häpfl	Zierkissen
Hatebatz	Handgriff, Halter
Heale	Küken
heba	halten, festhalten
hee	hinüber, kaputt
heel	gefroren, vereist
heidamäßig	sehr viel, immens
Heidanei!	je nach Betonung Ausruf der
	Verwunderung, des Ärgers
	oder der Entschuldigung
Heilanzack!	verflucht!
heit	heute
helenga	heimlich
Hemmel	Himmel

hendrazfiersch	umgekehrt, verdreht
hendre	nach hinten
hendrsche	rückwärts
Hendschich	Handschuh(e)
Hengerle	sackförmiges Kleid,
	Schwangerschaftskleid

Schwobsche
Sprich

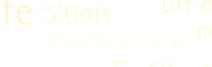

Schwarze Küah gä au a weiße Milch.
(Schwarze Kühe geben auch weiße Milch.)
Beurteile niemanden nach seinem Äußeren.

henna	drinnen
Henna	Hühner
Hennadäpperle	kleine Schrittchen
hennadenn	hinten drin
Hennafurz	Bagatelle
Hennascheiß	Mist, verdammt
Hentala	Himbeeren
hepfalich	zappelig, aufgeregt
herlanga	reichen, übergeben
Hernle	Hörnchen
Herraessa	fürstliches Mahl
herramäßig	edel, nobel
Herrgottsbscheißerla	Maultaschen
herschenka	verschenken

herschwätza	plappern
herzigs Mädle	süßes Mädchen
Heudeu	Trottel
Heuet	Heuernte
Heut sich	schönes Wetter heute
a Wedderle	

Ein Schwabe stürzt beim Bergsteigen ab
und bleibt schwer verletzt liegen.
Seine Frau, die ihn vergeblich zurückerwartet,
verständigt die Bergrettung und
das Rote Kreuz beginnt eine Suchaktion.
Viele Stunden später hört er Megaphonrufe:
„Hier spricht das Rote Kreuz!"
Mit letzter Kraft ruft er zurück:

„Mr gebet nex!"

(„wir geben nichts!")

heut	heute
Hiara	Hirn
hiasig	ortsansässig, einheimisch
Hiasiger	Einheimischer
Hier isch was bodda	Hier ist was los
Hierapickr	Kleingeist, Pedant
hierscha	sich beeilen, hasten
hiert	hart

69

hirna	überlegen
Hirnfurz	blöder Einfall
Hirnkäschdle	Hirnkasten

„HEIDANEI!!!"

„HEIDANEI!!!"

hirnverruckt	blödsinnig
hist	nach links
hoamalich	heimelig, gemütlich
Hochzich	Hochzeit
hocka	sitzen
Hockatze	Straßenfest, geselliges Zusammensein

Hodigaul	Schaukelpferd
Hohlgassaknallr	Angeber
Hohnawassr	Leitungswasser
hoim	nach Hause
hoimganga	nach Hause gehen
Hoizong	Heizung
Hompa	Humpen
hondrt	hundert
Hondrtr	Hunderter
Hongerleiderei	Knausrigkeit
hongrigs Gfräß	spartanische Mahlzeit
honna	unten
hopfa	hüpfen
hopfaleicht	federleicht, kinderleicht
Hopfastang	Bohnenstange, dünne Person (meist Frau)
hopfig	kinderleicht, einfach, simpel
horcha	horchen, hören
Horniegl	Unwetter
Hosabronzer	Angsthase
Hosalada	Hosenladen
Hosasack	Hosentasche
Hosascheißr	Hosenscheißer, Feigling
Hosasoichr	Angsthase
Hosch Bock?	Willst du? Hast du Lust dazu?
hot	nach rechts
Hotwolee	die bessere Gesellschaft
Huadsimpl	Simpel, naive Person
Huaschta	Husten
Huaschtr	Huster
Hubbl	Beule, Pickel, Hügel
Hudelei	nachlässige, schludrige Arbeit

hudla	pfuschen, murksen
Hugadubl	Regenschirm
Hugoles treiba	Schabernack treiben, jemanden veräppeln

Schwäbische Sparsamkeit

Keine andere schwäbische Eigenart ist auch nur annähernd so ausgiebig besprochen, hervorgehoben, belächelt, verspottet und verlacht worden wie die sprichwörtliche schwäbische Sparsamkeit. Natürlich wird sie maßlos übertrieben – das behaupten zumindest die Schwaben selbst. Dennoch finden sich im schwäbischen Wortschatz einige plastische Ausdrücke, die rund um das Thema Sparen, Haushalten und seinem Gegenteil, der unverantwortlichen Verschwendungssucht, kreisen.

aushausa	verprassen
aushausich	ausschweifend, prassend
bschnodda	geizig (auch: eng, knapp)
Endaklemmr	Geizhals
Furzklemmer	Geizkragen (einer, der sogar zu geizig ist, einen Furz zu lassen)
geldig	reich
geldsplitterig	teuer
Hongerleiderei	Knausrigkeit
knickig, knicket	knauserig, sparsam
omasuscht	umsonst
sparig	sparsam
vrplembera	verplempern, verschwenden (auch: vertrödeln)

hundsliadrich	jämmerlich, verachtenswert
hundsmiad	hundemüde
Huraglombvarrecks	gottverdammt
Hurasakrament!	Verflucht! Sakrament!
hurgla	kugeln, kullern, rollen
hurleburle	schnell, schnell
hussa	draußen
Hutzl	Trockenfrucht, alte Frau
Hutzlbrot	Früchtebrot

Feiertage

Auch für die verschiedenen Feste und Feiertage existieren typisch schwäbische Bezeichnungen. So bezeichnet beispielsweise das Wort „Leich" nicht alleine die tote Person, sondern alles von der Trauerfeier über die Beerdigung bis zum Totenschmaus.

Altjohrsobed	Silvesterabend
Austra	Ostern
Deif	Taufe
Fasnet	Fastnacht
Fleckafest	Gemeinde-, Dorffest
Hochzich	Hochzeit
Hockatze	Straßenfest, geselliges Zusammensein
Kirbe	Kirchweihfest
Leich	Beerdigung
Pfengschta	Pfingsten
Seeladag	Allerseelen

73

Buabaspitzla – Schupfnudeln

*Der Sparsamkeit der Schwaben verdankt
man die Schupfnudeln. Wenn das teure Mehl
nämlich nicht für die Nudeln reichte,
streckte man diese mit preiswerten Kartoffeln.*

Zutaten:

500 g gekochte	3 Zwiebeln
Kartoffeln	100 g Butter
1 Ei	500 g Sauerkraut
300 g Mehl	Salz
Muskat	Pfeffer

Zubereitung:

1 Die Kartoffeln zerdrücken und mit dem Ei, dem Mehl und den Gewürzen gut vermengen. Aus dem Teig fingerlange, kipferlartige Nudeln formen und auf eine geeignete Unterlage (Backpapier oder eine bemehlte Arbeitsfläche) legen.

2 Anschließend in sprudelnd kochendes Salzwasser geben. Sobald die Schupfnudeln an der Oberfläche schwimmen, mit einem Schaumlöffel herausheben und gut trocknen lassen.

3 Die Zwiebeln abziehen und klein schneiden, in Butter rösten, danach die Nudeln beimengen und ebenfalls anbraten. Auf heißem Sauerkraut anrichten.

i	ich
iatzich	kürzlich
ibelleidig	unhöflich
ibergeschtern	vorgestern
iberkandidlt	exaltiert
iberlenkt	überfordert
ibersche	hinauf
iberzwerch	aufgeregt, überspannt
isch	ist
Ischs euch au so?	Stimmt ihr mir zu?
	Gebt ihr mir Recht?
Ischs Ihne gschickt?	Ist Ihnen das Recht?
	Passt Ihnen das?
Ischs net so?	Stimmt es nicht?

Ach *rutsch* mr doch da *Buckel* nonder!

Jäscht	Zorn
Jenseitsbachel	Volldepp
jenseitsmäßig	sehr, äußerst, unwahrscheinlich
jesasmäßig	sehr, äußerst, überaus
Jescht	Dringlichkeit, Eile
jetz glei	jetzt gleich, auf der Stelle
jetz hemmers	es ist vollbracht
jetzatle	jetzt
jo, ja	ja

Ein Schweizer, ein Norddeutscher und ein Schwabe
sitzen gemeinsam in einem Zug nach Zürich.
Der Schweizer wendet sich höflich an
den Norddeutschen: „Grüezi, sind Si scho i Züri gsi?"
Der Norddeutsche blickt ihn verständnislos und
fragend an und der Schweizer wiederholt freundlich:
„Ich habe gefragt, ob Sie schon mal in Züri gsi si?"
Der Norddeutsche blickt sich Hilfe suchend nach
dem Schwaben um, worauf dieser zu vermitteln versucht und sagt: „Ha wisset Se, dr Ma moint gwä'."

(Der Norddeutsche blickt ihn verständnislos und
fragend an und der Schweizer wiederholt freundlich:
„Ich habe gefragt, ob Sie schon mal in
Zürich gewesen sind?" Der Norddeutsche blickt
sich Hilfe suchend nach dem Schwaben um,
worauf dieser zu vermitteln versucht und sagt:
„Wissen Sie, der Mann meint ‚gewesen'.")

Schwobschs Oimolois

ois	eins	
zwoi	zwei	
drei	drei	
vier	vier	
femf	fünf	
segs	sechs	
sieba	sieben	
acht	acht	
nei	neun	
zea	zehn	
elfa	elf	
zwelfa	zwölf	
dreizea	dreizehn	
virzea	vierzehn	
fuffzea	fünfzehn	
sechzea	sechzehn	
sibzea	siebzehn	
achzea	achtzehn	
neizea	neunzehn	
zwansga	zwanzig	
dreißga	dreißig	
vierzga	vierzig	
fuffzga	fünfzig	
sechzga	sechzig	
sibzga	siebzig	
achzga	achtzig	
neinzga	neunzig	
hondrt	hundert	

Johmer	Sehnsucht
Johr	Jahr
jomra	jammern
Jonge	Tochter
jongr Soichr	Jungspund
jongr Spritzr	Jugendlicher, junger Mann
Jongr	Sohn
juchzga	juchzen, jauchzen
jugga	hüpfen, springen
Juggsoil	Hüpfseil

Schwäbische Mengen und Maße

Wie viel oder wenig der Schwabe von einer Sache hat, hält oder möchte, wird von ihm nur sehr selten in genauen Maßangaben angegeben.

a bissle arg	ein wenig sehr
a klois bissle	bisschen
bärich	wenig, kaum
ebbes	etwas
koi bissle	kein bisschen, gar nicht
koi gotzigs	nichts
koin Fatz	gar nichts
maier	mehr
Muckaseckale	ein winziges Stück
nunz	nichts
Pfond	Pfund
Stick	Stück
zwenich	zu wenig

kähglich	bedenkenlos, ohne Probleme
kähl	toll, prima, sehr gut
Kähr	Keller
Kandl	Gulli, Abflussrille
Karree	Quadrat, Viereck
Käs	Käse
Käsblättle	Käseblatt
käschperla	herumalbern
Käsdreck	Mist
käsdreckatlacha	dreckig lachen

– Kehrwoche –

Käsfuaß	Käsefüße
Kasta	Schrank
Kästabom	Kastanienbaum

Schwäbische Kehrwoche

Die Schwäbische Kehrwoche hat eine lange Tradition. Sie beruht auf Reinlichkeitsverordnungen, die bereits im 15. Jahrhundert erlassen wurden und die Bürger – oder vielmehr die Bürgerinnen – dazu verpflichteten, Straße und Haus in regelmäßigen Abständen nach Vorschrift zu reinigen. Was als Hygienemaßnahme gegen Krankheiten und Seuchen gedacht war, hat sich mittlerweile zu einem Ritual entwickelt, das die schwäbische Kultur entscheidend prägt. So ist das kollektive wöchentliche Reinemachen beispielsweise für die Elsässer zu einer typisch gesamtdeutschen Eigenart geworden, obwohl es nirgendwo sonst in Deutschland derart eifrig zelebriert wird.

Die Kehrwoche ist ein gesellschaftliches Ereignis, bei dem es in erster Linie um das Sehen und Gesehenwerden geht. Und gesehen werden will man mit möglichst vielen Putzutensilien. Wird bei diesem Anlass also einerseits die eigene deutsche Gründlichkeit unter Beweis gestellt, bietet die Kehrwoche andererseits auch eine günstige Gelegenheit, die Ordnungsliebe der Nachbarinnen zu überprüfen. Und natürlich zudem eine willkommene Möglichkeit, um sich den neuesten Nachbarschaftsklatsch zu erzählen.

katzagräg	mies gelaunt
katzanichtern	stocknüchtern
Katzawäsch	Katzenwäsche
Kautzge	Kaugummi
kebelig	klamm, ungemütlich, feuchtkalt
keechla	köcheln
keenndesch	könntest du?, würdest du?
Keez	Kerze
Kehl	Wirsing

„... Komischs Geschbann ...!"

Kehner	Dachrinne
Kehrwisch	Handfeger
keia	werfen
Kellestaffl	Kellertreppe
Kellrettl	Taschenuhr
Kendle	Feigling, Angsthase
Kendskendr	Enkel
Kernlestee	Hagebuttentee
Kibbena	Kippen
Kich	Küche
kiddarra	kichern
Kiebl	Kübel
kiebla	schütten, heftig regnen

Schwobsche
Sprich

A leera Gruß goht barfuß.
(Ein leerer Gruß geht barfuß.)
Vergiss niemals das Gastgeschenk.

kierzr	kürzer
Kimmich	Kümmel
Kinschtlr	Künstler
Kipf	Baguettebrötchen
Kirbe	Kirchweihfest
kirra	brüllen
Kittl	Anzugjacke

83

Wochentage

Meedich	Montag
Zeischdich	Dienstag
Migda	Mittwoch
Doschdich	Donnerstag
Freidich	Freitag
Samschdich	Samstag
Sonndich	Sonntag
Werdich	Werktag
werdichs	werktags

Kittlschurz	Arbeitsschürze
Kitzabohna	Hagelkörner
klaga	klagen, trauern
Klagzeit	Trauerzeit
Kläpple	Spalt, Fensterritze
Klefflesscheißer	Aufschneider
Kloidr	Kleidung
kloi	klein
knarfa	knirschen
Knausbir	Mostbirnensorte
Kneechl	Knöchel
Kneisle	Brotanschnitt, Brotendstück
knella	knallen
Knepfle	Knopf, runde Spätzle
knickig	knausrig, sparsam
knitz	gerissen
Knorfl	Knorpel

Knui	Knie
Knuibockler	Knickerbocker
Knuischnacklr	weiche, zittrige Knie
kobba	rülpsen, aufstoßen
Kobbr	Rülpser
Kobbrmost	Sekt
Kohlräbla	Kohlrabi
koi bissle	kein bisschen, gar nicht
koi gotzigs	nichts
koi	kein
koim	keinem
koin Fatz	gar nichts
Komede	Theater, Aufruhr
komischr Gnilch	seltsamer Kerl
Kommatle	Korsett
kommod	gemütlich, angenehm
Konduktör	Schaffner, Fahrer
Kosel	füllige Frau
Kostiem	Kostüm

Was ich von den **Schwaben** gelernt hab:

Von den **Brezeln** das Salz runterkratzen, damit der Besuch keinen **Durst** bekommt.

kottrich	übel, schlecht
kotza	sich übergeben
Krabb	Krähe
krabbanacht	stockfinster
Kradda	Korb
krakeela	krakelen, lärmen

Schwäbische Ablehnung

Auch für die diversen Spielarten der Verneinung findet sich im schwäbischen Sprachschatz eine Fülle differenzierter Ausdrücke. Von der höflich bedauernden Ablehnung bis zum entrüsteten, kategorischen „Nein!" kann der Schwabe jede abschlägige Antwort in wohlgesetzte Worte fassen.

noi	nein
hanoi	je nach Betonung: nein, überhaupt nicht, eher nicht, auf gar keinen Fall
net	nicht
nex	nichts
nia nix	unter keinen Umständen
nia	niemals
nunz	nichts

krampola	lärmen
Krankat	Krankheit
Krankel	Wirbel, Umstände
krauta	Unkraut jäten

Krautwickl	Kohlrouladen
Krawallschachtl	streitsüchtige Frau
Kreizerla	Münzen
kreizfidel	bester Dinge, gut gelaunt
Kreizkrabbasack!	Verflucht!
kreizliederlich	erbärmlich, furchtbar liederlich
Kreizweh	Rückenschmerzen
Kriasa	Kirschen
Kriese	Kirsche
krompelich	krumpelig, verknittert
Krott	Mädchen
Kuachastickle	Kuchenstück
Kudderer	Miesepeter
Kuddl	Lunge, Ausdauer
Kuddr	Schmutz
kuddrig	bröckelig, krümelig
Kuddroimr	Mülleimer
Kuddrschaufl	Kehrschaufel
Kudlmudl	Chaos
Kuglfuhr	anstrengende, nervenaufreibende Angelegenheit
kuranza	ärgern
Kurasch	Courage, Mut
kussa	küssen
Kussmonat	Flitterwochen
Kuttla	Rindermagen
kutzla	kitzeln

Ein Schwabe ist damit beschäftigt,
sämtliche Tapeten in seiner Wohnung
vorsichtig zu entfernen und wird dabei
von überraschendem Besuch unterbrochen.
Der eintretende Freund fragt erstaunt:
„Bisch beim Renoviera?" „Hanoi",
antwortet der Schwabe, „beim Umzieha."

(Der eintretende Freund fragt erstaunt:
„Bist du beim Renovieren?" „Aber nein",
antwortet der Schwabe, „beim Umziehen.")

labara	labern
läbbra	patzen, kleckern
läbbrig	wässrig, stark verdünnt
Lach	Lache, Pfütze
lächara	lächerlich
Lache	Lachen, Gelächter
Ladutere	Laterne
Laesa ond Spätzla	Linsen und Spätzle, schwäbische Spezialität
Laesa	Linsen
lagg	abgestanden
laggs	schlapp, müde
lahmelig	lahm, langsam
Laible	runder Laib Brot
Läll	Zunge

Lällabäbb	Blödsinn
Lällabebbl	Weichling, Pantoffelheld
Lalle	Idiot
Lämple	Lampe
langa	überreichen, geben
lätz	wild, falsch herum
lau	lassen
laudr	nur, ausschließlich
laudrich	pur, ohne Zusatz
laufa	gehen
Laugabrez	Laugenbretzel

„A greans Laugaweggle"

Laugawegga	Laugenbrötchen
Lausbua	Lausejunge, Frechdachs
Lauskrott	freches Mädchen
Lausmädle	keckes Mädchen
Lausrecha	Kamm
lauter	alle
lebig	lebendig
Lebr	Leber
Lebrkäs	Leberkäse
Lebrspatza	Leberklößchen
lebtag	lebenslang
Leckla	Locken
Lecksfiedle	Feigling

„Deam goht dr Soifasiader uff!"

ledschat	schlapp, lustlos, feige
Leeb	Löwe
leers Brot	unbelegtes Brot
Leffl	Ohren
Leibessa	Leibspeise

Zärtlichkeiten

Trotz aller Knauserigkeit: Auch der Schwabe hat selbstverständlich ein Herz und verschenkt es zuweilen. Darum macht er aber nicht gerne viel Worte. „Ich liebe Dich", geht ihm zum Beispiel nur sehr schwer über die Lippen. Stattdessen sagt er: „I mag di fei arg", was aber dasselbe bedeutet.

Amenaschlupferle	Geliebte, Freundin
Amurschaft	Geliebte(r)
kussa	küssen
Kussmonat	Flitterwochen
meega	mögen
Meegatse	Liebelei
megelich	zärtlich
mitanander ganga	verbandelt sein
nagla	kopulieren
rallich	lüstern
romtendrla	flirten
Schmatz	Kuss
Schnappfall	Bett
schniegla	sich rausputzen
schwofa	tanzen
Sockahopf	Tanzabend

Leible	Unterhemd
Leich	Beerdigung
leis	fad, salzarm
Leit	Eltern
Leitla	altes Ehepaar
leitschei	menschenscheu
Leituach	Leintuch
lenglecht	der Länge nach
lengs	links
leschär	leger, zwanglos
Lettagschwätz	Geschwafel, unglaubwürdige Ausreden
Levita lesa	die Leviten lesen
liadrich	verschlagen, übel
Loama	Lehm
Loamsiadr	schwerfällige, langweilige Person
Lochschnäddradr	Durchfall

Thank you very much,
English is an Quatsch,
Deutsch is a
net gscheiter,
schwätz mer
Schwäbisch weiter!

lodderleer	völlig leer
loddla	wackeln
loddrich	wackelig, locker
Lohkäs	Blödsinn
Lohle	Versager, Weichling
loina	lehnen
Lombadier	freche, durchtriebene Frau
Lombagruscht	Trödel
Lombamensch	ungezogenes, freches Mädchen
lommelich	schlabbrig, lasch
Lomp	Lump
Lompa	Lumpen
los amol	hör einmal
Losament	Wohnung, Unterkunft
Loschie	Unterkunft, Bleibe
Loschieherr	Untermieter
losna	hören, lauschen
luck	schwach, locker, leicht
Luckeleskäs	Quark
luftich	windig
Lugabeitl	Schwindler
Lugamaul	Lügenmaul
Luge	Lüge
lupfa	anheben, lüften
Luse	Narrenfreiheit, Muße, Freizeit
lutscha	lutschen

Linsen mit Spätzle

Zutaten:

500 g Mehl	150 g Bauchspeck
6 Eier	40 g Schmalz
etwas Öl	2 EL Mehl
400 g Linsen	3 EL Essig
(über Nacht	2 Saitenwürstle
einweichen)	etwas Butter
2 große Zwiebeln	Salz, Pfeffer

Zubereitung:

1 Das Mehl und die Eier mit 150 ml Wasser und einigen kräftigen Prisen Salz zu einem Teig verrühren, bis er Blasen wirft. Den Teig ein wenig ruhen lassen.

2 Salzwasser mit einem Schuss Öl zum Kochen bringen. Den Teig mit einem Spätzlehobel ins kochende Wasser schaben. Sobald die Spätzle an der Wasseroberfläche schwimmen, mit einem Schaumlöffel herausheben. Sofort danach mit kaltem Wasser abschrecken.

3 Die eingeweichten Linsen absieben und die zuvor gerösteten Zwiebeln und den Bauchspeck in kochendem Wasser weich kochen. Aus Schmalz und Mehl eine Mehlschwitze herstellen, die mit den gekochten Linsen abgelöscht wird.

4 Alles mit Salz, Pfeffer und Essig würzen. Die Saitenwürstle werden entweder ganz oder in Stücken auf den Linsen angerichtet. Gemeinsam mit den Spätzle, die mit einigen Butterflöckchen garniert werden, servieren.

Ma, Mo

Ma, Mo	Mann
mach dapferle	beeile dich
Mädelesfitzler	Casanova
Mädle	Mädchen
Mädz	Mädchen
maier	mehr
malad	krank
Malefizmädz	durchtriebenes Mädchen
Malör	Missgeschick
maltretiera	malträtieren
Mamakendle	Schürzenkind
Mamasuckale	Muttersöhnchen
mampfa	essen
manga	bügeln
Mannsleit	Männer
maoza	miauen
maozga	maulen
markiera	vortäuschen
mau	übel, krank
mauderig	kränklich
maula	maulen
Maultascha	Maultaschen
mauschala	mauscheln, betrügen
mauze	klagen
Meedich	Montag
meega	mögen
Meegatse	Liebelei
megelich	zärtlich
Megl	Kopf
Mehlbabb	Teig
Mei liebr Scholli …	Da schau her …
mei	mein

Meichl	Schimmel
Meierle	kleine Mauer
Meis	Mäuse
Melak	Rüpel
mend	schlecht, übel
mender	schlechter
Merink	Sahnebaiser
Metzelsupp	Schlachtbrühe
metzga	schlachten
meuchla	stinken, muffig riechen
miad	müde
Mickla	Mücken
middla	mitten
miefa	miefen, stinken
Migda	Mittwoch
migga	bremsen
Miggets	Bremsen
Minut	Minute
Mir isch des arg.	Entschuldigung.
mir	wir
mischla	Karten mischen
Miste	Misthaufen
mit runde Schua hoimlaufa	torkeln
mitanander ganga	verbandelt sein
Mitz	Mütze
mo	wo
Mödele	Marotte, Schrulle
mögelich	sympathisch
Moggale	Kalb
Moiabom	Maibaum
Moinsch?	Meinst du?

97

Mole	Männchen
molestiera	quälen, stören
mona	wohin
mordialisch	mörderisch
Mordsgaude	Riesenspaß
mordsmäßig	äußerst, ungeheuer
Mores	Benimm
Morga!	Guten Morgen!
morom	warum
Mörpsle	Mürbteiggebäck
Mos	Fleck
motza	motzen, protestieren
Mr isch ois.	Es ist mir egal.
mr	man, mir
Muck	Fliege
Muckadreck	Lapalie
Muckafuck	zu schwacher Kaffee
Muffasausa	Furcht
mufflig	mürrisch, feindselig
Muggaseggale	ein winziges Stück
Mulle	zärtlicher Name für eine Katze
mussiera	sprudeln, perlen
Mutschlmehl	Semmelbrösel

Scherzfrage:
warum gibt es im Schwabenland keine Tangas?
weil man, nachdem sie aufgetragen wurden,
keine Putztücher aus ihnen machen kann.

Schwäbische Diminutive

Sehr viele Mundarten haben eine ausgeprägte Neigung zu Verkleinerungsformen. Vermutlich ist man dabei aber nirgendwo so diszipliniert wie im Ländle, wo nahezu jedes Wort mit einem „-le" am Schluss versehen werden kann und dadurch gleich um einiges kleiner und harmloser wirkt. Diese Verniedlichung sagt dabei aber nicht das Geringste über die tatsächliche Größe der bezeichneten Sache aus, auch eine Mehrfamilienhaus kann zum „Häusle" werden und der dickste Wälzer zum „Biachle".

Viel zitiertes Beispiel ist auch das „Schlägle", der Schlaganfall, der durch diese liebevolle Bezeichnung einiges an Schrecken einbüßt.

'n Obed!	Guten Abend!
na	hin
naa	herunter
naahagla	herunterfallen
naapurzla	herunterpurzeln
naarutscha	herunterrutschen
Näbale	Nabel
nachda	dämmern, dunkel werden
Nackebutz	nacktes Kleinkind
Nackefrosch	„Nacktfrosch", nacktes Kleinkind
Nagelhex	Elster
nagla	kopulieren
nahagla	hinfallen

nahenga	hinhängen
nahocka	hinsetzen
nalega	hinlegen
narrat	zornig
Natz	Gruppe
naus	hinaus
nausfeira	feuern, hinauswerfen

Schwobsche
Sprich

Di hot derfa au koin Brotlaible omasuscht essa.
(Die durfte auch keinen Brotlaib umsonst essen.)
Diese Redewendung wird im Ländle mitleidig geäußert, wenn
eine Frau unmittelbar nach der Hochzeit schwanger wird.

nausleera	ausschütten
nausschmeißa	wegschmeißen
nauswitscha	entwischen
neamrd	niemand
neanich	nirgendwo
needich	nötig
Negala	Nelken
nei	hinein, neun
neidelich	neidisch
neihagla	hineinfallen
neihaua	es sich schmecken lassen
neilanga	hineingreifen

Neine	neun Uhr
neinzga	neunzig
neischlupfa	anziehen, anprobieren, hineinschlüpfen
neizea	neunzehn
nemme	nicht mehr
nemme dees	nicht mehr dasselbe
nergertz	nirgends
Nestl	Schnürsenkel
nestla	nesteln, basteln
net	nicht

„... OM A MUGGASEGGALE!!!"

nex	nichts
nia nix	unter keinen Umständen
nia	niemals
Nickerle	Schläfchen
nieber	rüber, hinüber

Uhrzeit

Wird ein Schwabe nach der Uhrzeit gefragt, dann schaut er nicht auf seine Armbanduhr, sondern auf seine „Zwiebl". Er zückt auch keine Taschenuhr, ältere Schwaben holen stattdessen möglicherweise noch eine „Kellrettl" hervor.

Oans	ein Uhr
Zwoie	zwei (14) Uhr
Dreie	drei Uhr
Viere	vier Uhr
Fenfe	fünf Uhr
Segse	sechs Uhr
Siebene	sieben Uhr
Achte	acht Uhr
Neine	neun Uhr
Zehne	zehn Uhr
Elfe	elf Uhr
Zwelfe	zwölf Uhr
dreiviertlachte	viertel vor Acht
viertlachte	viertel nach Sieben
halbfenfe	16.30 Uhr
Zwiebl	Armbanduhr
Kellrettl	Taschenuhr

nieberschnappa	überschnappen
niesla	nieseln
no	noch
nobockla	anklopfen
Nochber	Nachbar
noddla	rütteln, wackeln
noganga	hingehen
noi	nein
nom	hinüber
noml	noch mal
nore	voran, vorwärts
nore macha	sich sputen
Nos	Nase
nuff	hinauf
nuffkrempla	aufkrempeln
nuffzua	hinauf
nui	neu
nunz	nichts
nuschber	kross, frisch, knusprig

Kartoffelsuppe

*Diese köstliche Suppe ist typisch
für die schwäbische Hausmannskost – und schmeckt
auch ohne Würstchen!*

Zutaten:

750 g Kartoffeln	Muskatnuss
4 Möhren	1 EL Mehl
50 g Butter	2 Würstchen
2 Zwiebeln	1 Bund Petersilie
1 Fleischbrühwürfel	Salz, Pfeffer

Zubereitung:

1 Die Kartoffeln und die Möhren schälen und klein schneiden. In einem großen Topf in heißer Butter gemeinsam mit den abgezogenen und fein gehackten Zwiebeln kurz anbraten.

2 Anschließend mit Wasser aufgießen, aufkochen und 30–45 Minuten weiter köcheln lassen.

3 Dann passieren, mit Brühwürfel, Pfeffer, Salz und Muskatnuss würzen und mit Mehl eindicken.

4 Die Würstchen in Scheiben schneiden und mit fein gehackter Petersilie direkt in die Suppenteller über die Suppe geben.

oagnehm	unangenehm
Oans	ein Uhr
obacha	ungeheuer, sehr
Obacht	Achtung

„Deam kascht onderwegs
d' Schuah ausziah!"

obändla	anbandeln
obanuff	obendrauf
ofanga	anfangen
Ofaschlupfr	süßer Auflauf
ogattig	unhandlich

Schwobsche

Sprich

Schwätz mr koi Veschpr ind Tasch.
(Quatsch mir keine Brotzeit in die Tasche.)
Erzähl mir keinen Unsinn.

ognau	ungenau
ogoscha	anpöbeln
ogschickt	ungeschickt
ogsengt	bekloppt
Oheim	Onkel
ohesa	anziehen
Oi	Ei
oiga	eigen, seltsam
Oimerle	Eimer
oimol	einmal
oinaweg	dennoch
ois	eins, einerlei
Oitr	Eiter
oizecht	einzig, verlassen, einsam
Oizechtr	Außenseiter
okommod	unbehaglich
Om dr Hemmels-willa!	Um Himmels willen!
omanander	umher
omasuscht	umsonst
ombucka	einknicken

omhagla	umfallen
omhaua	umhauen
omola	anmalen, anstreichen
omorgla	ummodeln, umräumen, Pläne umwerfen
omtriebig	umtriebig, emsig
onadure	unten durch
ond	und
onedich	unnötig
Ontrwäsch	Unterwäsche
orufa	anrufen
otz	sehr, äußerst, enorm
otzguat	toll, sehr gut
ovrschämt	unverschämt

Ein Schwabe fährt mit seinem Auto in die Waschanlage. Das Tor wird geschlossen, die Anlage in Betrieb gesetzt. Kurze Zeit später hört der Tankwart seltsame Geräusche, schaltet die Maschinen ab und öffnet die Anlage. Der Schwabe steht schaumbedeckt und klitschnass zwischen den Bürsten. Erschrocken erkundigt sich der Mann, was denn um Gottes willen geschehen sei. Der Schwabe erwidert kleinlaut: „Da war a Schild ‚Gang raus'! Ha, ond do bin i halt raus ganga."

(Der Schwabe erwidert kleinlaut: „Da war ein Schild ‚Gang raus'! Und da bin ich eben rausgegangen.")

päb	nah
Päckle	Paket, Päckchen
Pardo	Entschuldigung
parduu	unbedingt
pariera	parieren, folgen

„Schnurzpiepegal" auf Schwäbisch

Um im Schwabenland kundzutun, dass einem etwas gleich-
gültig ist, bedient man sich höchst ungewöhnlicher Formulie-
rungen:

Mr isch ois.	Es ist mir egal.
tutmemschos	ganz egal
schnurz	egal

Pärle	Paar
passt scho	ist in Ordnung, einverstanden
Paterr	Erdgeschoss
Pedederle	Feuerzeug
Pfändle	Flunsch ziehen
pfausig	arrogant
Pfeifadeckl …	Ätsch, das würde dir so passen …
Pfengschta	Pfingsten
pfetza	kneifen
pflatscha	schütten, stark regnen
pflatschnass	patschnass

Pflatschrega	Platzregen
pfludra	purzeln
pflumpfa	plumpsen
Pfond	Pfund
pfupfra	gefesselt, interessiert, verlockt sein

Schwäbisch schwätza: „p"

Die harten Konsonanten „p", „t" und „k" werden im Schwäbischen in aller Regel wie „b", „d" und „g" („g" vor allem innerhalb eines Wortes) ausgesprochen.

Päckle	Bäggle (Paket, Päckchen)
Pfengschta	Bfengschda (Pfingsten)
Täle	Däle (Tal)
Toig	Doig (Teig)
hocka	hogga (sitzen)
Knuibockler	Knuiboggler (Knickerbocker)

pfuzga	zischen, schnauben
picklhart	steinhart
Pilla	Pillen
Pilverle	Medikament in Pulverform
Plaffo	Zimmerdecke
Pläsierle	Freude, Annehmlichkeit, Vergnügen
pleetzlich	plötzlich
ploga	plagen

Plondr	Plunder
Pomphosa	Pumphose
Portmonee	Geldbeutel
Postlr	Briefträger
pratzla	prasseln, in Strömen regnen
pressant	dringend
Presser	Drängler
pressiera	eilen, drängeln
propr	proper, ordentlich
pumpere	hämmern
purzla	purzeln, fallen
pussiera	poussieren, flirten, turteln
putza	putzen
Putzlumpa	Putzlumpen

Besser zu sein
als die **Schwaben**
ist wie **Wackelpudding**
an die Wand nageln.
Man kann es
versuchen, aber es
ist **aussichtslos!**

111

Schwäbische Sippschaft

Die liebe Familie wird auf Schwäbisch gerne zärtlich „Bagasch"
genannt. Und auch ihre einzelnen Mitglieder haben allesamt
eigene schwäbische Namen.

Ahna	Oma, Großmutter
Babba	Papa, Vater
Bäsle	Cousine
Dande	Tante
Dechterle	Tochter
Deede	Patenonkel
Dochtrmo	Schwiegersohn
Dode	Patentante
Ehne	Opa, Großvater
Enkale	Enkel
Jonge	Tochter
Jongr	Sohn
Kendskendr	Enkel
Leit	Eltern
Oheim	Onkel
Schwestr	Schwester
Söhnere	Schwiegertochter
Urahn	Urgroßvater
Vattr	Vater
Vettr	Cousin

ra	herunter
rääs	gegoren, sauer
raatscha	ratschen, reden

Radlrutch	Roller
Raffl	Plappermaul
Ragall	zänkisches Weib
Raierle	Trinkhalm
Rall	Kater
rallich	lüstern
Ranft	Brotrinde
Rank	Kurve, Schwung
Ranza	Bauch
Ranzaweh	Bauchschmerzen
Rappl	Wutausbruch
rappla	verrückt spielen
rapplig	aufgebracht
Räso	Vernunft, Verstand
Ratschkachl	Tratschtante
ratzebutz	ganz und gar
Ratzge	Radiergummi
raubauz	derb, grobschlächtig, unbeholfen
raubelich	rau, uneben
rausropfa	herausrupfen
razza	ratzen, schlafen
Reba	Reben
redur	zurück
reesch	kross, knusprig
Rega	Regen
Regamendele	Regenmantel
Reigschmeckte	Tourist, Zugereister, Zugezogener
Reisr	Äste
reng	gering
renommiera	prahlen

retza	foppen
Riab	Rübe
Riabl	Kopf, breite Brotscheibe

Ärbat   Arbeit

Für einige Berufe existieren im Schwäbischen höchst humorvolle Bezeichnungen:

Aschtreichr	Maler, Anstreicher
Austrägr	Postbote
Bäck	Bäcker
Flaschnr	Klempner
Giftbladerer	Apotheker
Ladaschwengl	Gehilfe
Schlappaflickr	Schuster

riegeldomm	äußerst dumm
ritzrot	knallrot
Roi	Hang, Böschung
roifla	rennen
rom	vorüber
rom ond nom	hin und her
rombossla	tüfteln
romdrucksa	herumdrucksen
romfahra	herumliegen
romgeischtra	umhergeistern
romhocka	herumhocken
romtendrla	flirten

ronderbutza	herunterputzen
ronzlich	runzelig
ropfa	rupfen, reißen
Roschtlaub	Rostlaube, altes, schrottreifes Auto
Rossmucka	Sommersprossen
Rotzbebbl	Popel
Rotzbolla	Popel
Rotzfahn	Taschentuch
rudla	rühren
Ruf	Wundschorf
Rufakopf	Idiot
Rugel	Rolle
rugla	rollen
rumora	rumoren, poltern

„... Mr isch ois!"

Nonnenfürzle

*Traditionell wird das Gebäck an Fastnacht gebacken.
Woher genau der Name kommt, ist umstritten.
Sprachforscher vermuten eine Ableitung von
dem französischen Wort „farce" (Füllung).*

Zutaten:

500 g Mehl
25 g frische Hefe
50 g Zucker
200 ml Milch
50 g Butter
4 Eier

1 EL unbehandelte
  Zitronenschale,
  gerieben
70 g Rosinen
Salz
500 ml Öl

Zubereitung:

1 Das Mehl mit der Hefe, dem Zucker und etwas Milch zu einem
Teig kneten und an einem warmen Ort 45–60 Minuten gehen
lassen.

2 Danach die restliche Milch, die Butter, die Eier, die Zitronenschale,
die Rosinen und etwas Salz zufügen und verrühren.

3 Mit einem Löffel kleine Stücke aus dem Teigklumpen schaben
und in heißem Öl ausbacken. Nach Belieben mit Puderzucker
bestreuen.

's goht	es geht
's Gott!	Grüß Gott!
Sach	Besitz
Sächle	Eigentum
sackdumm	saudumm
Säckle	Tasche, Beutel
Sacktuach	Taschentuch
Salbena	Salben
Samschdich	Samstag
sau	sehr, ungemein
saua	rennen
saubr	fein, gut, angenehm, hübsch
saugladd	äußerst spaßig
saumäßig	sehr, äußerst

Körperteile

Der Schwabe von Kopf bis Fuß:

Deez	Kopf
Glotzbebbl	Augen
Zenka	Zinken, Nase
Leffl	Ohren
Gosch	Mund
Buckel	Rücken
Ranza	Bauch
Fengr	Finger
Bobbes	Po
Fiass	Füße, Beine
Zaia	Zeh

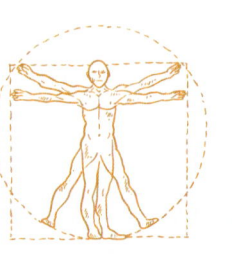

Saustall	Unordnung
Sauwettr	schlechtes Wetter
schäbbs lacha	schieflachen, kaputtlachen
Schädlweh	Kopfschmerzen
schaffa	arbeiten

Schwobsche
Sprich

Koi Zohn in de Gosch abr „La Paloma" pfeife.
(Keinen Zahn mehr im Mund, aber „La Paloma" pfeifen.)
Große Klappe, nichts dahinter.

Schaffhes	Arbeitskleidung
schaffig	fleißig
schäg	schief, schräg
schäga	schieflaufen
schalu	nervös, verwirrt
Schandell	Kerze
schao	schon
Schapo	Hut
schäps	schräg, krumm
schärra	scharren, kratzen
Schäslo	Sofa
Schätterle	kleine Rassel
schättra	scheppern
schechla	Grasschnitt rechen
scheckat	bunt, gemustert

Schee

schee	schön
Scheeboi	Schienbein
scheel	schief
Scheer	Maulwurf
Scheerhaufa	Maulwurfshügel
scheiblesweis	nach und nach
Schelfets	Obst- und Gemüseschalen
Schell	Glocke, Klingel
schella	läuten
Schellafitzer	säuerlicher Wein

Auf einer Skala
von 1–10:
Wie schwäbisch
sind Sie?

Aber die Umfrag'
isch scho
umsonschd, oder?

Schellamerde	Knecht Ruprecht
Schemale	Schemel, Hocker
schenda	schinden
Schepfle	kleiner Stall
schiach	hässlich
Schiale	Kindergarten

Schwäbisch schwätza: Genitiv

Der Genitiv wird in sehr vielen Dialekten gemieden, so auch im Schwabenland. Die Schwaben lehnen ihn aber derart kategorisch ab, dass sie noch nicht einmal das dazugehörige Fragewort kennen.

„Wessen?" wird im Schwäbischen zu „Wem sei?" und „das Auto des Vaters" zu „em Vattr sei Autole".

schiergar	beinahe, fast
schiffa	regnen, urinieren
Schissl	Schüssel, altes Auto
Schlabber	plumper, derber Mann
Schlabbergosch	Plappermaul
Schlappaflickr	Schuster
schlappig	schlampig
Schlappschuah	Hausschuh
Schlawiddich	Schlaffitchen
Schleck	Süßigkeiten
schleckich	heikel, wählerisch
Schleifatz	Eisbahn
Schlickle	Schluck
Schlombl	Stoffpuppe
Schlonz	schmieriges, klebriges Zeug
schlotza	lecken, schlecken
Schlotzr	Lutscher
schlurga	schlurfen

„I han fei arg Honger!"

Schmatz	Kuss
schmecka	riechen
Schmecke	Parfüm
Schmierwurst	Streichwurst
Schmotz	Fett, Schmiere
schmotza	schmieren
Schmuh	Unsinn
schnabuliera	speisen, genießen
schnaddra	klappern, zittern
Schnall	Klinke
Schnappfall	Bett
schnaufa	schnaufen, atmen
Schnaufr	Schnaufer, Luft holen
Schneckle	Kosename für Frauen und Mädchen
schneiala	leichtes Rieseln
schniegla	sich rausputzen

schnipfla	zerkleinern
Schnulle	Schnuller
schnurz	egal
schobba	stopfen
Schocha	Haufen, Heuhaufen
schofl	fies, unfreundlich
Schopf	Schuppen, Stall
Schrompl	Falte
schugga	stoßen
Schuggr	Stoß
Schuirapurzler	Tölpel
Schuldes	Bürgermeister
Schussl	Tolpatsch
schwanza	schwänzen, blaumachen, bummeln
schwätza	reden
Schwestr	Schwester
schwofa	tanzen
schwummrig	schwindelig
sechzea	sechzehn
sechzga	sechzig
Seckale	männliches Glied

Schwobsche
Sprich

A Henn mo viel gaggat, legt koi Oier.
(Eine Henne, die viel gackert, legt keine Eier.)
Je lauter die Ankündigung, desto kleiner die Ergebnisse.

 **S**eeladag

Seeladag	Allerseelen
Segaz	Sense
segs	sechs
Segse	sechs Uhr
Sei	Säue
Seier	Sieb, Maul
selbander	alleine
selbdritt	zu dritt
selich	selig, verstorben
sell ond sott	dies und jenes
sell	das, jenes
sellamol	damals
sellaweg	deswegen
selles	dieses
sellichmol	früher, damals
selt	dort
seltdieb	dort drüben
Semsagräbsler	säuerlicher Wein
Send Se so guat	Sind Sie doch bitte so freundlich, bitte
seuchwarm	lauwarm
's Hes alega	sich anziehen
Siach	Idiot
siadich	siedend
siaße Stickla	süße Backwaren
sibzea	siebzehn
sibzga	siebzig
sieba	sieben
Siebene	sieben Uhr
siehsch	siehst du
siniera	nachdenken, überlegen
sirmelich	schwindlig, betäubt

Das schwäbische „Stimmt's?"

Um sich der Zustimmung seiner Zuhörerschaft zu versichern, hat der Schwabe einige rhetorische Mittel auf Lager. Weit verbreitet und sehr beliebt ist natürlich auch im Schwabenland das „Gell", das beinahe jedem Satz angehängt werden darf. Aber auch ganze Sätze werden einer Ausführung nachgeschickt, um dieser Nachdruck zu verleihen und um den Gesprächspartner zum Beipflichten zu bewegen.

gell	Nicht wahr? Oder? Stimmt's?
Ischs euch au so?	Stimmt ihr mir zu?
	Gebt ihr mir Recht?
Ischs net so?	Stimmt es nicht?
So isch no au wieder.	Nicht wahr? Stimmt's?

So isch no au wieder.	Nicht wahr? Stimmt's?
so ischs	so ist es, genau
Sockahopf	Tanzabend
sodele	so, fertig
Söhnere	Schwiegertochter
Soich	Gülle
soicha	pinkeln, schwafeln, regnen
Soichbeitl	Klugscheißer
Soichhafa	Nachttopf
soichnass	patschnass
soichwarm	„pinkelwarm"
Soif	Seife

Schwobsche
Sprich

No net hudle.
(Nur nicht hetzen.)
Immer mit der Ruhe.

Sonndich	Sonntag
Sonndichshes	Sonntagskleid
sonsch	sonst, ansonsten
sott	sollte
sotter	solcher
sottiche	solche
sparig	sparsam
Spätjohr	Herbst
Spätzlesschepfr	Schöpfkelle für Spätzle
spechta	heimlich betrachten
Speitel	Keil
Spennaweb	Spinnennetz
spickla	spicken, abschreiben, schummeln
spora	schimmeln
spot	spät
Spreisl	kleiner Splitter
Sprenzkann	Gießkanne
Sprich	Geschichten, Redewendungen
Springerle	schwäbische Gebäckspezialität
spura	gehorsam sein
städ	behäbig, langsam
stau	stehen

stemmt	stimmt, genau, richtig
stenza	stehlen
Stepsl	Kleinkind
Stera	Sterne
sterch	steif
Stiag	Treppe
Stick	Stück
Stockhafa	Blumentopf
Stoi	Stein
stoihart	steinhart
Strambe	Straßenbahn
strawanza	sich herumtreiben
Strehl	Kamm
strehla	kämmen
Strempf	Strümpfe
Stub	Wohnzimmer
Stupfel	Stachel, Dorn
sudla	schmieren, unleserlich schreiben
suggla	saugen
Suppaschepfr	Suppenkelle

AUSSER BETRIEB

OUT OF ORDER

DES GLOMB ISCH HEE

 **T**äle

Täle	Tal
tanza	tanzen
Tasch	Tasche
tatterich	zittrig

---

benamsa   benennen

Wundern Sie sich nicht, wenn Sie Ihren eigenen Namen nicht
wieder erkennen, sobald ihn ein Schwabe ausspricht. Denn
der Dialekt macht natürlich auch vor Namen nicht halt, häufig
existieren sogar eigene, schwäbische Abkürzungen.

Babettle	Barbara
Baschte	Sebastian
Endres	Andreas
Fredl	Alfred
Fritzle	Fritz
Jockel	Jakob
Klärle	Klara
Makes	Markus
Naze, Nazi	Ignatius
Schorsch	Georg
Sepp	Josef
Tone	Anton
Wolle	Wolfgang

Teppich	dicke Decke, Teppich
tiaf	tief
Tiftlr	Tüftler

tippla	tippeln, trippeln
Toig	Teig
Trachtr	Trichter
traima	träumen
treedla	trödeln
trepfla	tröpfeln
Trepp	Treppe
treppla	wütend aufstampfen, aus der Haut fahren
trickna	trocknen
Trottwar	Bürgersteig
Tuach	Tuch
tuschur	immer
tutmemschos	ganz egal

Ein Engländer, ein Franzose und ein Schwabe diskutieren darüber, wessen Sprache die komplizierteste ist, vor allem, was den Unterschied zwischen Schrift- und gesprochener Sprache anbelangt. Der Engländer sagt: „Nehmen Sie doch nur das Wort ‚bitte‘. Geschrieben wird es bei uns ‚please‘, aber wir sagen ‚pliiees‘." Der Franzose erwidert: „Französisch ist noch schlimmer, wir schreiben ‚s'il vous plaît‘, sprechen aber ‚silwublä‘." Daraufhin triumphiert der Schwabe: „Desch nex! Im Schwobeländle schroiba mr ‚wie bitte?‘ und schwätza ‚hä?‘."

(Daraufhin triumphiert der Schwabe: „Das ist gar nichts! Im Schwabenland schreiben wir ‚wie bitte?‘ und sagen ‚hä?‘.")

Zungenbrecher

Ein hervorragendes Aussprachetraining für „Reigschmeckte"
sind schwäbische Zungenbrecher. Wahrscheinlich werden
Sie gegen einen schwäbischen Muttersprachler keine Chance
haben, aber vielleicht möchten Sie ja zumindest ein wenig im
Stillen üben.

Dr Papschd hots Schbätzlesbschdegg zschbäd bschdelld.
(Der Papst hat das Spätzlebesteck zu spät bestellt.)

A oagnehm grea gschdrichas Gardadeerle.
(Eine Gartentür, die in einem hässlichen Grün gestrichen ist.)

Schellat S' et an sellre Schella, selle Schella schellat et,
schellat Se an sellre Schella, selle Schella schellat.
*(Läuten Sie nicht an dieser Klingel, denn diese Klingel läutet
nicht, läuten Sie an der anderen Klingel, diese Klingel klingelt.)*

Und natürlich der
Ulmer Klassiker:
In Ulm, um Ulm und
um Ulm herum.

uff	auf
uff lau	offen lassen
uff oimol	auf einmal
uffamsla	dahinscheiden
uffbutza	wegputzen, aufwischen
uffdonnarat	aufgedonnert

uffgherd	aufgehört
uffheba	aufheben, aufbewahren
uffheba	aufheben, aufsammeln, aufbewahren
uffklauba	„aufklauben", aufheben
ufflupfa	aufhelfen
uffpäppla	aufpäppeln
Uffpassa!	Achtung!
uffroma	aufräumen
Uffschnitt	Aufschnitt
ufftupfa	auftupfen
umme	zurück
ummodla	umkrempeln, ändern
umscheiba	wenden
Urahn	Urgroßvater

Flädlesuppe – Pfannkuchensuppe

In Schwaben heißen Pfannkuchen „Flädle".
Richtige schwäbische Flädle sind so dünn,
dass man fast hindurch sehen kann.

Zutaten:

500 g Rinderbrust
einige Suppen-
   knochen
2 Zwiebeln
1 Bund
   Suppengrün
200 g Mehl
250 ml Milch

3 Eier
50 g Butter
1 Gemüse- oder
   Fleischbrühwürfel
Muskatnuss,
   gerieben
Schnittlauch
Salz

Zubereitung:

1 Das Fleisch und die Knochen kurz aufkochen, abgießen und anschließend mit den halbierten, geschälten Zwiebeln und dem klein geschnittenen Suppengrün 1–1,5 Stunden köcheln lassen.

2 Das Mehl mit der Milch, Salz und den Eiern verrühren und in heißer Butter zu Pfannkuchen backen. Die Pfannkuchen rollen und in Streifen schneiden.

3 Die fertige Brühe mit Suppenwürfel und Muskat abschmecken. Eine Handvoll Flädle in einen Suppenteller legen, mit Brühe aufgießen und mit Schnittlauch bestreuen.

Vattr	Vater
Vehickl	Fahrzeug
Veigela	Veilchen
verbattera	einen zärtlichen Klaps versetzen
verdappa	zertreten
verdattert	perplex, erstaunt
verdo	vertan
verdruckt	verschlossen, schweigsam, verdrückt
verklauba	sortieren, auseinander klauben, verlesen
verlecht	ausgetrocknet
verloffa	verlaufen, geschmolzen
Versucherle	Kostprobe

Ein texanischer Großgrundbesitzer macht Urlaub im Schwabenland und besichtigt auf seiner Reise einige schwäbische Bauernhöfe, die ihm allesamt recht mickrig erscheinen. Als er mit einem schwäbischen Bauern ins Gespräch kommt, prahlt der Amerikaner: „Um mit meinem Traktor mein Anwesen zu umrunden, bräuchte ich knapp eine Woche."

Der Schwabe antwortet mitleidig:
„Heiligs Blechle, desch mr arg, so a Glomb han i au scho ghet."

(„Oh je, das tut mir leid, so ein schlechtes Fahrzeug hatte ich auch mal.")

Vettr	Cousin
Viech	Tier
Viecherei	Dummheit

Schwäbische Zeiten

Auf Schwäbisch eine Verabredung zu treffen oder die Chronologie einer Erzählung zu verstehen, kann zu Missverständnissen führen, wenn man sich vorher nicht mit einigen Vokabeln vertraut gemacht hat.

älleweil	immer, ständig, jederzeit
älls	zuweilen
alsfort	ständig
bälder	früher
der Weil hau	keine Eile, viel Zeit haben
ehnda	damals, früher
emma Johr	in einem Jahr
en dem Monad	in diesem Monat
enra Stond	in einer Stunde
gerscht	gestern
heit, heut	heute
ibergeschtern	vorgestern
jetz glei	jetzt gleich, auf der Stelle
jetzatle	jetzt
Johr	Jahr
Minut	Minute
sellichmol	früher, damals
Stond	Stunde
zeitaweis	hin und wieder

Reklamationen

Wer beim „Eikehra" (in ein Gasthaus einkehren) etwas bean-
standen möchte, sollte davon natürlich nicht von mangelnden
Sprachkenntnissen abgehalten werden.

hongrigs Gfräß	spartanische Mahlzeit
läbbrig	wässrig, zu stark verdünnt
leis	fad, salzarm
a bees Briahle	eine eklige Brühe, ein
	ungenießbares Getränk
Muckafuck	zu schwacher Kaffee
Semsagräbsler,	saurer Wein
Schellafitzer	

vier	vier
Viere	vier Uhr
viertl	viertel nach
vierzga	vierzig
virzea	vierzehn
Visasch	Gesicht
Visit	Besuch
Voglscheich	Vogelscheuche
vrbabbla	verquatschen, verraten
vrbattscha	verprügeln
vrboosga	verhunzen, zerstören
vrdommbeitla	für dumm verkaufen
vrdurschta	verdursten
vrgrätzt	mies gelaunt
vrgucka	vergucken, verlieben

vrhonza	verhunzen, vermasseln
vrlau	verlassen
vrlustiera	amüsieren
vrmebla	vermöbeln
vrplembera	verplempern, vertrödeln, verschwenden
vrspora	verschimmeln
vrstecklt	versteckt
vrtoila	verteilen
vrwischa	erwischen

– Versucherle –

Schwobsche
Sprich

Wenns Ärschle brummt, ischs Herzle gsund.
(Wenn der Hintern brummt, ist das Herz gesund.)
Blähungen und eine gute Verdauung zeugen von
einem gesunden Herz-Kreislauf-System.

Wa witt?	Was willst du?
wagaweit	sehr weit
Waggele	Ente
währle	wirklich, wahrhaftig
wahrscheins	wahrscheinlich
wala	wälzen
wampat	wohlbeleibt, mit dickem Bauch
Was geits?	Was ist los?
wäscha	waschen
Wäschkich	Waschküche
Wäschklemmr	Wäscheklammer
Waschlavor	Waschbecken, Waschschüssel
wasele?	was?, wie bitte?
weffzig	giftig, unfreundlich
Wefzg	Wespe
Wegga	Brötchen
Weibrleit	Frauen
weißla	weiß streichen
wella	wollen
wem sei?	wessen?
Wengert	Weinberg

138

wentsch	krumm, schief
wera	werden
Werdich	Werktag
werdichs	werktags
wett	wwollte
wettra	wüten
wettrwendisch	launenhaft
wetza	rennen, sputen
Wiebala	Gebäck
Wiedrseh	Auf Wiedersehen
wief	gewitzt
wiesla	wechseln
Wirfala	Würfel
witt	willst
Wittfrau	Witwe
Wochadippl	Mumps
Wohret	Wahrheit
Woiza	Weizen, Weizenbier
Wollbebbl	Wollknäuel
Wonderfitz	Neugier
worra	geworden
wuala	wühlen
wurma	wurmen, ärgern

Schwobsche
Sprich

Kuhdreck ond Buttr, hend oi Muttr.
(Kuhscheiße und Butter haben dieselbe Mutter.)
Des einen Freud, des anderen Leid.

Schwabenhymne

Auch wenn die Zeile: „Schaffe, schaffe, Häusle baue" mittlerweile derart untrennbar mit dem Ländle verknüpft ist, dass sie manch einer für die wahre Hymne der Schwaben hält, die offizielle ist sie nicht. Diese wurde Anfang des 19. Jahrhunderts von Justinus Kerner gedichtet und wird von den Schwaben bei feierlichen Anlässen auch heute noch gerne gesungen.

Preisend mit viel schönen Reden
Ihrer Länder Wert und Zahl,
Saßen viele deutsche Fürsten
Einst zu Worms im Kaisersaal.

„Herrlich", sprach der Fürst von Sachsen,
„Ist mein Land und seine Macht;
Silber hegen seine Berge
Wohl in manchem tiefen Schacht."

„Seht mein Land in üppger Fülle",
Sprach der Kurfürst von dem Rhein,
„Goldne Saaten in den Tälern,
Auf den Bergen edler Wein!"

„Große Städte, reiche Klöster",
Ludwig, Herr zu Bayern sprach.
„Schaffen, dass mein Land dem euren
Wohl nicht steht in Schätzen nach."

Eberhard, der mit dem Barte,
Württembergs geliebter Herr,

Sprach: „Mein Land hat kleine Städte,
Trägt nicht Berge silberschwer.

Doch ein Kleinod hält's verborgen
Dass in Wäldern, noch so groß,
Ich mein Haupt kann kühnlich legen
Jedem Untertan in Schoß."

Und es rief der Herr von Sachsen,
Der von Bayern, der vom Rhein:
„Graf im Bart, Ihr seid der Reichste!
Euer Land trägt Edelstein."

z'	zu
Zaia	Zeh
zamma fahra	erschaudern, zusammenzucken
zamma gstupflt	zusammengewürfelt
zammabäbba	aneinander kleben
Zapfa	Zapfen
zappaduschtr	stockdunkel
zapplig	aufgeregt, ruhelos
zärtla	schmusen, streicheln
zea	zehn
Zehne	zehn Uhr
Zeigs	Zeug
Zeischdich	Dienstag
zeitaweis	hin und wieder
zemma, zamma	zusammen
zenda	zünden

 **Z**endla

Begrüßung und Abschied

Die schwäbische Verkleinerungswut macht natürlich auch vor Grußformeln nicht Halt. Und so wird der weit verbreitete Abschiedsgruß „Ade" fast immer zu „Adele".

Ade!	Tschüss!
Adele!	Tschüss! Tschüsschen!
Morga!	Guten Morgen!
'n Obed!	Guten Abend!
's Gott!	Grüß Gott!
Wiedrseh!	Auf Wiedersehen!

zendla	zündeln
Zenka	Zinken, Nase
zepfa	schmerzen, peinigen
zerfa	zanken
zerscht	zuerst
zfrieda	zufrieden
ziaga	ziehen
Zibeb	Rosine
ziehga	ziehen
Zipfl	Naivling
Zipperle	Zipperlein, Wehwehchen
Zirenga	Flieder
Zizigäk	Kohlmeise
zletscht	zuletzt, schlussendlich
zom Bossa	absichtlich
zopfa	zupfen, pflücken
zotzka	ziehen, zerren

142

zrick	zurück
zua	zu, geschlossen
Zubr	Zuber
zuckla	zuckeln, langsam fahren
Zudd	nicht sehr helle Frau
zuddelich	zottelig, unordentlich, liederlich
zürna	zürnen, grollen
zuzla	aussaugen
zwansga	zwanzig
Zweder	Weste
zweeg	zuwege, zurecht
zwelfa	zwölf
Zwelfe	zwölf Uhr
zwenich	zuwenig
zwicka	zwicken
zwidr	zuwider, widerwärtig
Zwiebl	Armbanduhr
zwirbla	herum wirbeln
zwoi	zwei
Zwoie	zwei (14) Uhr
Zwuggl	kleine Person, winziges Ding

SCHWÄBISCH
schwätza
DU musch!

143

Genehmigte Lizenzausgabe
tosa GmbH
Industriestraße 19
64407 Fränkisch-Crumbach 2020
www.tosa-verlag.de

© 2020 Die Textwerkstatt, Langenlois

Umschlaggestaltung, Satz und Layout:
design cat GmbH

ISBN 978-3-86313-028-2